REINHOLD MITTERLEHNER

HALTUNG

Flagge zeigen
in Leben und Politik

ecoWIN

Wir haben uns bemüht, alle Rechteinhaber ausfindig zu machen. Sollten Sie dahingehend Versäumnisse feststellen, so bitten wir Sie, dies zu entschuldigen und uns die korrekten Nachweise für etwaige Nachauflagen mitzuteilen.

S. 181 Seiler, Christian: Der souveräne Verfassungsstaat zwischen demokratischer Rückbindung und überstaatlicher Einbindung. Mohr Siebeck: Tübingen 2005, S. 37. S. 15 Hesse, Hermann:»Stufen«. In: ders. Sämtliche Werke in 20 Bänden. Hrsg. Volker Michels, Bd. 10: Die Gedichte. Suhrkamp Verlag: Frankfurt a. Main 2002.

2. Auflage
© 2019 Ecowin Verlag bei Benevento Publishing Salzburg – München, eine Marke der Red Bull Media House GmbH, Wals bei Salzburg

Medieninhaber, Verleger und Herausgeber:
Red Bull Media House GmbH
Oberst-Lepperdinger-Straße 11–15
5071 Wals bei Salzburg, Österreich

Lektorat: Maria-Christine Leitgeb
Satz: MEDIA DESIGN: RIZNER.AT
Umschlaggestaltung: Hauptmann & Kompanie Werbeagentur, Zürich
Redaktion: Barbara Tóth
Printed in Austria
ISBN 978-3-7110-0239-6

INHALT

PROLOG

2018 war in Österreich das Jahr der Jubiläen und der Gedenkfeiern. Wir feierten den hundertsten Geburtstag der Ersten Republik und setzten uns mit den bitteren Ereignissen des Anschlusses an Hitler-Deutschland vor achtzig Jahren auseinander. 2018 war auch das erste Jahr der neuen türkis-blauen Bundesregierung in Österreich, nach den Nationalratswahlen 2017, die letztlich durch meinen Rücktritt und der nachfolgenden Aufkündigung der Koalition zwischen SPÖ und ÖVP eingeleitet worden ist.

Nun, 2019, da die machtpolitischen Strukturen geklärt sind und so etwas wie Normalität im Leben eingekehrt ist, ist es an der Zeit, das Geschehene und damit die Vergangenheit aufzuarbeiten, zugleich jedoch auch einen Blick auf die Gegenwart und in die Zukunft unserer Gesellschaft zu werfen. Das vorliegende Buch reflektiert meinen Werdegang und mein politisches Leben genauso wie meine Motive, mich politisch einzubringen. Nicht, weil ich meiner Person eine so große Bedeutung zuordne, sondern weil ich der Auffassung bin, dass ich bei einigen jüngeren Kapiteln des politischen Geschehens neue Fakten einbringen kann, die dabei helfen können, die Bewertung und die Meinungsbildung über diese zeithistorischen Ereignisse zu schärfen und zu präzisieren.

Das Buch trägt den Titel *Haltung*, weil ich mich zeit meines Lebens – ob im Privaten oder Beruflichen – darum bemüht habe, meine Linie durchzuziehen. Eine Linie, die sich an folgenden Prinzipien orientiert: Geradlinigkeit, Anstand und

Lösungsorientiertheit im Miteinander bei anstehenden Problemen. Das sind wichtige Grundlagen, die gleichzeitig eine Orientierung für mich darstellen.

Haltung ist nicht nur mit der eigenen Lebensgeschichte und mit den Personen verbunden, die einen geprägt haben oder für Wendungen im Leben verantwortlich waren, sondern auch mit den Ereignissen, die in diesem Zeitraum stattgefunden haben. Ich hatte die Gelegenheit, den Aufstieg des Mühlviertels von einer Problemregion an der toten Grenze zu einer optimistischen Aufstiegsregion mitzuerleben, ferner unseren Beitritt zur Europäischen Union. Ich durfte als junger Politiker in Wien Anfang der Jahrtausendwende parlamentarische Erfahrung sammeln und dann als Wirtschaftsminister meinen Beitrag zur Überwindung der größten Wirtschaftskrise im Jahr 2008 und den Folgejahren leisten. Ich habe die Flüchtlingskrise, die den Staat an die Grenzen seiner Handlungsfähigkeit gebracht hat, als Vizekanzler mit zu bewältigen versucht. Schließlich war ich der letzte Vizekanzler einer gewollten Koalition zwischen ÖVP und SPÖ. Ich habe also prägende Zeitgeschichte am Beginn des 21. Jahrhunderts in Österreich miterlebt. Darunter fällt auch der Systembruch, im Zuge dessen aus der alten ÖVP eine neue türkise Partei entstanden ist, die mit der FPÖ eine neue Koalition gebildet hat.

Natürlich kann dieses Kapitel des Systembruchs und des Machtwechsels nicht aus meinem politischen Leben ausgeblendet werden, es ist ein Teil meiner Lebensgeschichte. Ich habe es – so wie die anderen Kapitel auch – als eine Schilderung der damaligen Ereignisse angelegt, als chronologische Darlegung der Fakten zur Aufklärung der Ereignisse und Hintergründe. Es ging mir dabei nicht um die Interpretation derselben. Meine persönliche Meinung habe ich demnach hintangestellt. Jedoch schon allein die im Spätsommer 2017 nachträglich aufgetauchten Unterlagen und Informationen aus dem Kreis der türkisen Führungsgruppe überraschten, zeigten sie doch, mit welcher Energie und Detailgenauigkeit der Wechsel systematisch vorbereitet worden war. Die Geschichtsschreibung soll daher nicht den derzeit Regierenden und ihrer *Message Control* überlassen bleiben.

Haltung ist auch ein Buch gegen das Verschweigen. Es ist weder gefällig noch opportun. Es soll dem interessierten Leser die Möglichkeit bieten, sich eine eigene Meinung zu bilden. Es gibt ihm auch die Gelegenheit zu sehen, dass es in der Politik fast nie um den Wettbewerb der besseren Konzepte geht, sondern um Machtergreifung und Machtdurchsetzung. Klarerweise wird es einige geben, die den moralinsauren Zeigefinger heben und sagen werden, allein aus Rücksicht auf das wichtige Amt im Staat dürfe man so etwas nicht schreiben – jetzt nicht und sonst auch nicht. Genauso gut kann man die Gegenfrage stellen, nämlich ob es denselben Maßstab für Loyalität und Anstand vor 2017 für andere nicht auch gegeben hat.

Mein Werdegang ist, für sich genommen, nicht besonders außergewöhnlich. Ich hatte das Privileg, in einfachen, aber geborgenen Verhältnissen aufzuwachsen. Heimat und Familie sind für mich keine hohlen Phrasen, sondern echte Fundamente meines Lebens. Familie ist aber mehr als nur die Vater-Mutter-Kind-Beziehung, die ein Leben lang hält. Ich selbst habe zweimal eine Familie gegründet. Beim ersten Mal war ich noch sehr jung. Damals habe ich viele Betreuungsaufgaben übernommen. Das hat mich schon damals für das Thema Kinderbetreuungseinrichtungen auch am Nachmittag sensibilisiert.

Ich hatte das Glück, dank meiner Tante, die meine Volksschullehrerin war, ins Gymnasium zu kommen. Ich wurde gefördert und gefordert. Auch später an der Universität hatte ich Professoren, die mir kritisches Denken beibrachten, ohne mich dabei zu indoktrinieren. Meine Schulzeit und die Universität haben mir die Welt eröffnet und meinen Horizont erweitert. Deswegen ist Bildung für mich eines der wichtigsten Themen der Politik.

Sehr früh beschäftigte ich mich mit der Frage, wie ein serviceorientierter Staat funktionieren kann. Nicht weniger Staat und mehr Privat, sondern ein effizienter starker Staat war stets mein Credo. *New Public Management* ist ein Schlagwort, dahinter steht eine Bürokratie, die sich weg von der rein produktionsorientierten Verwaltung hin zu einer kundenorientierten Dienstleistungsorganisation wandeln muss. Die Beispiele anderer Länder und die Grundlagen für einen modernen bürgerorientierten Staat haben mich vor allem in meiner Zeit als Generalsekretär des Wirtschaftsbundes sehr beschäftigt.

Meine ersten Jahre in der Politik waren stark von der Sozialpartnerschaft geprägt, die ich in der Wirtschaftskammer kennen und verstehen gelernt habe. In einer pluralistischen Gesellschaft kann es auf Dauer nicht funktionieren, wenn sich eine Gruppe ungefiltert mit ihren Interessen durchsetzt. Das Austarieren und Lösen von Konflikten, nicht die bewegungslose Pattstellung, sondern der weiterführende Kompromiss, das ist es, was eine sozial ausgeglichene Gesellschaft braucht. Dafür steht die Sozialpartnerschaft, das war aber auch der Vorteil einer großen Koalition, in der beide Lager mit unterschiedlichen Ideologien eine oft erstrittene, letztlich aber integrative Entwicklung der Gesellschaft gewährleistet haben. Das Modell hat sich abgenutzt, zu oft hat der Streit überhandgenommen, aber die Position Österreichs unter den besten Staaten Europas stand wohl außer Streit. Nicht nur die rot-schwarze Regierung als Zusammenspiel der großen Kräfte gibt es nicht mehr, auch die Sozialpartner vertreten ihre jeweils eigenen Anliegen allein. Eine gemeinsame Agenda gibt es kaum mehr, dabei wäre sie gerade bei den Themen Bildung, Lehrlingsausbildung, Digitalisierung oder Umwelt vorhanden.

Ich habe als Minister zwei der wichtigsten globalpolitischen Ereignisse des zweiten Jahrtausends miterlebt und mit zu bewältigen versucht: die Finanzmarktkrise im Jahr 2008 und die Flüchtlingskrise im Jahr 2015. Mit beiden Ereignissen verknüpfen sich Grundsatzfragen. Kann es funktionieren, hauptsächlich das Geld arbeiten zu lassen? Muss nicht die Realwirtschaft, die wirkliche Bedürfnisabdeckung, die Grundlage unseres Wirtschaftens sein? Was hat die Gier nach immer mehr für einen Anteil an der Krise? Haben wir die richtigen Schlüsse gezogen? Und haben wir bei der Flüchtlingskrise nicht genau dasselbe Problem, nämlich dass wir glauben, da würde jemand kommen und uns etwas wegnehmen, das wir uns selber erwirtschaftet haben? Es stimmt, wir haben oft im Schweiße unseres Angesichts produziert, jedoch gekauft haben es bei unserer Exportquote, die sich auf sechzig Prozent beläuft, diejenigen, die nun kommen und ihren Anteil in ohnedies kleinem Umfang einfordern. Das sind Zusammenhänge, denen sich viele Österreicher verschließen. Noch dazu, wenn es oftmals Flüchtlinge mit anderem kulturellen Hintergrund sind. Wie viel Migration ist zumutbar? Wo ziehen wir Grenzen? Wie kann Integration funktionieren? Das sind Themen, die uns noch lange beschäftigen werden.

Nicht nur bei dem Thema Migration, sondern auch in der Zusammensetzung der Regierung hat es einen Richtungswechsel gegeben. Die Neue Volkspartei stellt den Bundeskanzler. Die NVP ist die Mehrheitspartei in der Regierung. Der Partner ist eine nach Expertenmeinung zumindest rechtspopulistische Partei. Die Umfragen sind positiv. Dazu hat die gute Wirtschaftsentwicklung und die damit verbundene Abnahme der Arbeitslosigkeit ihren Teil beigetragen. Die Opposition ist zudem kaum bemerkbar. Ist man damit schon am Ziel? Und sind volatile Umfragen wirklich der ausschließliche Maßstab für die Qualität der Politik?

Die Begeisterung darüber, den Kanzler zu stellen, befreit nicht davon, sich damit auseinanderzusetzen, was inhaltlich geschehen ist. Ich meine damit nicht so sehr eine beckmesserische Bilanz über das, was umgesetzt worden ist. Bei manchen Reformen wie etwa bei der Sozialversicherung ist der Beweis für die verbesserte Effizienz und die Einsparungen ja noch zu erbringen. Steuer- und Pflegereform sind noch in Planung. Ich spreche hier vielmehr von der Metaebene: Wie wird Politik gemacht? Wie geht man mit Partizipation um? In welche Richtung gehen wir als Gesellschaft, integrativ oder ausgrenzend, demokratisch oder da und dort schon populistisch? Es geht um reale Entwicklungen und Signale in Österreich, die man nicht mit einem schweigenden Achselzucken abtun sollte. Populismus als Ideologie verlangt immer nach Gegnern, nach Reibungsflächen, sonst fehlt die Identifikationsmöglichkeit für die eigenen Anhänger. Da habe ich dann neben den »echten« Österreichern oder den aufrechten Österreichern noch die anderen, nämlich die Migranten, die Arbeitsunwilligen, die Caritas, die »Spätaufsteher«, die nicht so dazugehören, die man kritisiert, stigmatisiert und bei denen man im besten Fall nachhilft, dass auch sie »echte« Österreicher werden. Die Betroffenen verstehen das anders und fühlen sich oft ausgegrenzt.

Aus den genannten Gründen beschäftige ich mich in diesem Buch auch ausführlich mit dem Phänomen des Rechtspopulismus, mit der Rolle der politischen Parteien, dem Einfluss der Digitalisierung auf die Parteien, aber auch mit dem Phänomen der sich ändernden Rolle der Medien im politischen System.

Gibt es so etwas wie eine Krise unserer Demokratie, oder funktionieren unsere Systeme als Möglichkeit der Entscheidungsfindung und Konfliktregelung? Das Parlament ist unsere wichtigste demokratische Einrichtung. Es ist keine nachgeschaltete Institution einer Regierung, die ihre Vorhaben umsetzt, sondern hat eine gewisse Eigenständigkeit. Als Abgeordneter darf man im Ausschuss Materien nicht nur einfach abnicken, sondern entscheidet mit. Abstimmungen sollen freigegeben werden, wenn es um persönliche Gewissensangelegenheiten geht wie etwa um das viel diskutierte Rauchverbot. Aber bei dieser Regierung kommt alles nur von »oben« ins Parlament, selbst kritische Stellungnahmen im Rahmen des parlamentarischen Begutachtungsprozesses aus eigenen Ministerien müssen zurückgezogen werden. Man kann diese Art des Regierens auch Ergebnismarketing nennen, es handelt sich dabei um Entscheidung ohne wirkliche Partizipation. All das wird als neuer Stil verkauft, und das ist es auch. Aber ist es ein guter demokratischer Stil?

Damit die Meinungsbildung und die Umsetzung derselben perfekt funktionieren und verkauft werden, braucht es keine kritischen Stimmen. Kritisch berichtende Zeitungen wie der *Standard*, der *Falter* und der *Kurier* – bei Letzterem hat man den Chefredakteur ja dann getauscht – sollen von offiziellen Informationen ausgeschlossen werden. Dass wir zur Recherche im Medienbereich eine eigene unabhängige Plattform namens *Addendum* haben, spricht für den Zustand des Systems.

Wir haben offensichtlich auch ein Problem der Meinungsvielfalt und der Diskussionskultur. Wer traut sich, etwas Kritisches zu sagen? Es sind immer weniger. Nicht, weil das nicht notwendig wäre, sondern weil es zu einer Frage des Mutes geworden ist, etwas zu sagen. Meistens reden nur die, die nichts mehr zu verlieren haben. Selbst denen richten dann freiheitliche Parteisekretäre aus, sie sollen bei Themen, die sie nichts angingen, den Mund halten. Etwa, wenn sich der Präsident der Industriellenvereinigung »versteigt«, zum Thema Meinungsfreiheit etwas zu sagen. Man solle endlich kapieren, dass es eine neue Regierung gäbe und in einer neuen Regierung eben auch ein neuer Wind wehte. Das war die Replik eines FPÖ-Generalsekretärs, als ein ehemaliger Verbandsmanager die Angriffe auf die Caritas seitens der Regierung kritisierte.

All dies sind Entwicklungen in unserer Demokratie, die uns aufrütteln sollten, eben nicht zu schweigen, auch wenn es bequemer erscheint. All das sind Warnsignale, die uns verpflichten, nicht wegzusehen, wenn Grenzen überschritten werden. Demokratie heißt nicht zentrale Führung, Demokratie lebt von freier Meinung, Partizipation und der Vielfalt in unserer Gesellschaft. Genau dazu, zum Nachlesen und Nachdenken, möchte dieses Buch ein Beitrag sein.

RÜCKTRITT

Nur wer bereit zu Aufbruch ist und Reise,
mag lähmender Gewöhnung sich entraffen.

HERMANN HESSE

Der 10. Mai 2017 war ein sonniger Tag wie viele andere in diesem Monat und gab einen Vorgeschmack auf den sich anbahnenden Sommer. Ich fuhr wie immer in der Früh um 7.30 Uhr ins Büro, schaute den Pressespiegel durch und sagte mit Blick auf die Titelseite einer Zeitung, die mit einem Foto von mir und der Schlagzeile »Wie lange noch?« aufmachte, zu einem Mitarbeiter: »Die begreifen auch gar nichts.« Dann fuhr ich mit dem Dienstwagen in Begleitung einer Pressereferentin und der für Tourismus zuständigen Mitarbeiterin nach Schönbrunn, um dort um neun Uhr das neue Giraffengehege zu eröffnen. Bei der Hinfahrt erörterten wir die möglichen Inhalte des Statements. Nach der eher unspektakulären Eröffnung einer an sich großartigen Anlage meinte der anwesende Aufsichtsratsvorsitzende der Tiergarten-Gesellschaft, Altbundeskanzler Wolfgang Schüssel: »Plaudern wir noch kurz bei einem Kaffee?« Ich entschuldigte mich wegen eines Termins, und wir fuhren, nachdem ein paar Fotos geschossen worden waren, wieder retour. Auf der Rückfahrt sagte ich gar nichts, meine Tourismusreferentin meinte wohl, um die Stimmung aufzulockern: »Es scheint sich ja langsam alles zu beruhigen.« Ich ging nicht darauf ein, sondern sagte nur: »Kann mir eine von euch bitte die letzten Zeilen von Hermann Hesses Gedicht *Die Stufen* googeln und dann auf einen Zettel schreiben?« Sie googelten und sagten ob des Inhalts gar nichts mehr.

Angekommen im Büro, holte ich meinen Pressechef und bat ihn, um 11.30 Uhr und nicht eine Minute früher den Geschäftsführer der Partei anzurufen, um für 12.30 Uhr eine persönliche Pressemitteilung von mir anzukündigen. Nicht früher, sonst würde das ORF Mittagsjournal, das um zwölf Uhr begann, alles abschießen, aber auch nicht später.

Bis dahin hatte außer mir selbst niemand, auch meine Familie nicht, etwas von dem exakten Termin gewusst. Um 11.45 Uhr informierte ich den Bundespräsidenten und den Bundeskanzler von meinem Vorhaben. Neben mir lag mein auf lautlos gestelltes Handy und überschlug sich beinahe wegen der vielen Anrufe. Nur bei Thomas Stelzer, dem Landeshauptmann meiner Heimat Oberösterreich, hob ich ab, um ihm meinen Plan mitzuteilen. Er merkte schnell, dass er mich von meinem Vorhaben nicht abbringen konnte. Mein Pressechef meinte vor dem Wegfahren: »Sagen Sie einmal ›Ich trete von all meinen Ämtern zurück‹, und zwar Wort für Wort. Da sind schon viele gestolpert, weil in dem Moment die Emotionen überwiegen.« Das ging gerade noch.

Auf diesen Satz folgte dann die Rede, die ich mir später nie angeschaut oder angehört habe, deren Kernsätze ich aber bis heute auf einem Handzettel habe: »Ich muss sagen, in dem Zusammenhang, was und wie ich es tue, war ganz maßgeblich für mich dabei, dass ich sowohl Zeitpunkt als auch Inhalt von allen Schritten selber definiere.« Dann folgte eine Auseinandersetzung mit dem letzten Mosaikstein für meinen Entschluss zu gehen, nämlich dem »Django, die Totengräber warten schon«-Sager in der ZIB 2 am Tag zuvor, der meine Empfindung, dass gehandelt werden musste, komplettiert hatte. Dann folgten in der Rede zentrale und wichtige Passagen: »… Was aber tiefergehender ist, und dahinter liegt als Problem: Es ist meiner Meinung nach unmöglich, in einer derartigen Konstellation einerseits Regierungsarbeit zu leisten und gleichzeitig die eigene Opposition zu sein. Regierungsarbeit und gleichzeitige Opposition ist irgendwo ein Paradoxon … Ich bin kein Platzhalter, der auf Abruf, bis irgendjemand Zeitpunkt, Struktur oder Konditionen festlegt, die ihm passen, hier irgendwo agiert. Und vor allem – ich werde das dann noch kurz beleuchten – bin ich keiner, der irgendwo an einer Stelle oder gar in einem Amt verbleibt und daran klebt. Wir brauchen darüber hinaus auch Entscheider – ich rede jetzt als Parteiobmann – mit allen Rechten und Pflichten in jedem Bereich, die eine Wahl auch rechtzeitig vorbereiten können, und wir brauchen keine Doppelfunktionen oder gar verdeckte Strukturen. Deshalb, meine Damen und Herren, lege ich alle meine Funktionen zurück in Partei und Regierung.«

Es folgte noch eine kurze Bilanz über die Ressortleistungen in Wirtschaft, Forschung und Wissenschaft und ein Dank an alle Partner im gesamten Arbeitsspektrum sowie eine Begründung, weshalb ich trotz aller Unbilden beharrlich weitergearbeitet hatte. Und dann kam – Hermann Hesse: »In dem Zusammenhang darf ich Ihnen auch illustrieren, auch wenn es Sie weniger berühren wird, warum ich eigentlich in den letzten Monaten trotz aller Querschüsse und aller sonstigen Agitationen in der Politik geblieben bin, und zwar aus einem ganz einfachen Grund: Mir ist es ein Anliegen, entsprechende Inhalte zu vermitteln und Österreich in der Wettbewerbsfähigkeit nach vorne zu bringen. Und irgendwo bin ich da genau bei dem Punkt angelangt, den Präsident Foglar in einem Gespräch einmal erwähnt hat: ›Irgendwer muss auch die Arbeit machen in dem Land.‹ …So, meine Damen und Herren, Sie können sich wahrscheinlich noch erinnern. Vor einem Jahr habe ich im Parlament – zum Teil ein wenig belächelt – Hermann Hesse zitiert: ›Und jedem Anfang wohnt ein Zauber inne …‹ Ich darf heute aus demselben Gedicht *Die Stufen* noch einmal etwas zitieren, und zwar: ›Nur wer bereit zu Aufbruch ist und Reise, mag lähmender Gewöhnung sich entraffen.‹ Meine Damen und Herren, ich wünsche Ihnen einen schönen Sommer, danke Ihnen und wünsche Österreich alles Gute.«

Es war eine schwierige Rede und ein Schlüsselmoment in meinem politischen Leben, gleichzeitig war sie jedoch auch befreiend. Als ich im Büro ankam, waren alle aufgelöst, auf meinem iPhone waren über 500 SMS und noch mehr E-Mails.

Ein Tag, der normal begonnen hatte, war dann doch recht ungewöhnlich geworden. Er markierte nicht nur meinen Rücktritt, es war auch der letzte Tag einer gewollten rot-schwarzen Zusammenarbeit, die bis dahin mit kurzen Ausnahmen die Zweite Republik geprägt hatte.

Für mich persönlich markierte der Tag den Abschied von meinem bisherigen beruflichen und politischen Leben und zugleich den Aufbruch und die Reise in eine neue Lebensphase.

WURZELN

Meine Vorfahren – meine Heimat Helfenberg – vom Aufwachsen in einer Großfamilie

Nicht da ist man daheim, wo man seinen
Wohnsitz hat, sondern wo man verstanden wird.
CHRISTIAN MORGENSTERN

Ich wurde am 10. Dezember 1955 in Helfenberg 47 im Mühlviertel in Oberösterreich geboren, und zwar zu Hause und nicht in der Entbindungsstation eines Krankenhauses. Schlicht deshalb, weil es damals nur in Linz ein Krankenhaus gab. Ich stamme aus einer einfachen, aber strebsamen Familie und habe fünf Geschwister, die alle ihren Weg gegangen sind. In Zeitungsberichten über mich und meine Familie ist deswegen auch oft vom »Mitterlehner-Klan« die Rede, fast so, als wären wir etwas Besonderes. Aber das sind wir nicht. Mein Leben ist ziemlich typisch für die Zeit, in die ich hineingeboren worden bin, und für die Region, die ich meine Heimat nenne. Es ist die Zeit der ersten Nachkriegsjahrzehnte, in der sich vieles bewegt und neu geordnet hat und in der der gesellschaftliche Aufstieg durch Leistung, Fleiß und Bildung noch möglich war. Ich bin gewissermaßen in eine Aufstiegsgesellschaft hineingeboren worden. Wir hatten materiell nicht viel, aber es herrschte so etwas wie Optimismus. Die Zeit war geprägt durch die Aufbruchsstimmung. All das war in der Region, die durch die tote Grenze nach Norden hin benachteiligt war, vielleicht noch stärker spürbar als im sonstigen Oberöster-reich. Heute sind wir unter den reichsten Ländern der Welt, viele haben jedoch das Gefühl, in einer Abstiegsgesellschaft zu leben.

Einige Menschen, die ihre Karriere an die Spitze eines Unternehmens oder in die hohe Politik geführt hat, stellen ihren Weg gerne als Erfolgsgeschichte dar. Es ist im Nachhinein immer einfacher, einen roten Faden durch die eigene Lebensgeschichte zu finden und ihn so zu legen, dass diese dann schlüssig und spannend klingt. Wer sich jedoch eingehend mit sich und seinem Leben auseinandersetzt, merkt bald, dass Wege auch von vielen Zufällen geprägt sind, von Glück und Unglück und von dem, was einem in die Wiege gelegt worden ist oder sich auf dem Weg ergeben hat. Und natürlich vom Elternhaus. Von der Familie. Von dem Ort, an dem man aufwächst, der Natur, die einen umgibt, der Landschaft, die einen prägt und den Lehrern, die man hat und die einen fördern – oder nicht. Sie alle formen einen von Anfang an mit, und zwar bis zu diesem einen Moment, in dem man das Gefühl hat, nicht mehr Kind, sondern Jugendlicher zu sein, eine Person mit einem eigenen Radius, die ihr Schicksal selbst in die Hand nehmen kann.

Wenn ich an meine Kindheit zurückdenke, dann fällt mir als Erstes ein Moment ein, der im Eigentlichen das Ende derselben bestimmte, der mich vom Kind zum Jugendlichen gemacht hat: Als ich dreizehn Jahre alt war, konnte es sich meine Familie endlich leisten, ein eigenes Haus in Helfenberg zu bauen. Zum ersten Mal würde ich ein eigenes Zimmer haben. Leisten klingt, ganz nebenbei gesagt, gut und irgendwie selbstverständlich. Tatsächlich war der Entschluss zum eigenen Haus so etwas wie eine Lebensentscheidung. Man baute damals auf Kredit und brauchte den Rest des Lebens zur restlosen Ausfinanzierung. Uns ging es in dem Punkt ein wenig besser. Meine Mutter hatte das Grundstück für das Haus von ihrer Familie geschenkt bekommen. Es lag unweit ihres Elternhauses, nur ein paar Schritte davon entfernt.

Wie das in den 1970er-Jahren so üblich war, wurde viel selber geplant und gebaut. Als ältester Sohn war ich in die Vorbereitungen inklusive einfacher Zuarbeiten mit eingebunden. Als das Haus schließlich eingerüstet und verputzt vor uns stand und nur noch die Farbe aufgetragen werden musste, sagte mein Vater zu mir: »Probiere einmal, ob du das kannst.« Ein Nachbar von uns war Maler und hatte uns eine Tonne mit Farbe angerührt. Ich strich dann eigenhändig das ganze Haus weiß an. Heute bewohnt es einer meiner Brüder, und bis heute gibt es Teile jener Fassade, die ich damals gemacht habe. Ich war dann auch der Erste, der im neuen Haus übernachten durfte. Erst eine Woche später zog die Familie ein. Das war für mich ein ganz besonderes Erlebnis. Ich durfte das Haus vor allen anderen in Besitz nehmen.

Für mich bedeutete der Umzug nicht nur das Ende der Kindheit und den Beginn des Erwachsenwerdens, sondern auch die Entdeckung meiner Person. Mein eigenes Zimmer mit meinen eigenen Sachen gab mir so etwas wie Individualität, mehr Unabhängigkeit und ein wachsendes Selbstbewusstsein. Ich konnte mich zurückziehen, nachdenken, alleine sein und mich auf mich selber konzentrieren. Ich bekam einen eigenen Bücherkasten mit einer Glastür, in den ich meine Bücher stellte. Ich entwickelte damals intellektuelle Interessen, Haltungen und Meinungen – natürlich oft in Opposition zu meinen Eltern. Das war beinahe normal, musste ich mir doch als Ältestes der Kinder einige Errungenschaften wie längeres Ausgehen erst erkämpfen.

Die Liebe zu meinem Ursprung ist mir ein Leben lang geblieben. Wer nach seinen Wurzeln sucht, kehrt an den Ort zurück, an dem er seine Kindheit verbracht hat. Für manche

Menschen gibt es viele Orte, an denen sie Wurzeln geschlagen haben, etwa weil sie umziehen mussten oder weil sie Eltern haben, die aus verschiedenen Ländern oder Regionen kommen. Sie entwickeln sogenannte »Bindestrich-Identitäten«. Sie sind Österreicher und Türke, oder Wienerin und Steirerin. In meinem Fall fallen Familie, Heimatort, Aufwachsen und Kindheit zusammen, und ich kann sie ganz klar verorten – in Helfenberg.

Helfenberg in Oberösterreich ist kein besonders berühmter Ort, aber er ist für mich das, was man Heimat nennt. Der Name lässt vermuten, dass es sich dabei um einen Berg handelt oder die Ortschaft zumindest auf einem Berg gelegen ist. In Wahrheit liegt der Ort jedoch im Flusstal der Steinernen Mühl und ist bei gutem Wetter durchaus einladend und schön, bei schlechtem Wetter, wenn die Sonne nicht scheint, wirkt er eher grau und beengend.

Ich bin im Laufe meines Lebens immer wieder nach Helfenberg zurückgekehrt, sooft ich konnte eigentlich, nachdem ich zum Studieren und später zum Arbeiten zuerst nach Linz und dann nach Wien gezogen war. Auch meine eigene Familie habe ich in Helfenberg gegründet. Bei aller Liebe zu dem Ort begriff ich jedoch schon während meiner Jugendzeit, dass meine unmittelbare berufliche Zukunft woanders liegen würde. Schon Linz bot mehr Entfaltungsmöglichkeiten. Viele meiner Klassenkameraden aus der Volksschule begannen etwa als Lehrlinge oder Schichtarbeiter bei der Voestalpine.

Wenn man es ganz genau nimmt, bin ich zwar direkt im Ort Helfenberg geboren, mein Elternhaus liegt fünfzig Meter neben dem Gemeindeamt, jedoch die Wohngemeinde war wegen des Grenzverlaufes damals ganz korrekt die Gemeinde Ahorn. Das hat mich immer irgendwie gestört. Ich war in der Schule in Helfenberg, im Sportverein in Helfenberg, war Ministrant in Helfenberg, hatte meine Freunde in Helfenberg, die Gemeinde hieß jedoch Ahorn. »Wo wohnst du nun wirklich?«, wurde ich oft gefragt. Wenn ich der Einfachheit halber Helfenberg sagte, oder es so in Zeitungen stand, wurde ich vom lokalen Bürgermeister Josef Hintenberger immer gerügt. Umso schöner ist für mich, dass die beiden Gemeinden zu Beginn des Jahres 2019 zusammengelegt worden sind. Somit bin ich auch amtlich ein Helfenberger.

»Helfenberg, das ist nun mit Ahorn eine 1600-Einwohner-Gemeinde im oberösterreichischen Mühlviertel, hart an der Grenze zu Tschechien. Es gibt zwei Lokale, drei Bäckereien, einen Spar-Markt, ein paar kleinere Unternehmen und eine aufgelassene Textilfabrik als monumentale Zeugin einer reichen Vergangenheit mitten im Ort. Wer hier lebt, betreibt entweder eine Landwirtschaft oder pendelt nach Linz aus oder kombiniert eines mit dem anderen. Sonntags ist die Kirche mit rund 300 Stammgästen noch gut gefüllt – Tendenz sinkend –, der ÖVP-Bürgermeister stützt sich auf eine klare Mehrheit im Gemeinderat, Pfarrer und Ortschef rücken zur Ehrung verdienter Mitbürger noch Seite an Seite aus. Kurzum, Helfenberg ist christdemokratisches Kernland, verschlafen, aber alles andere als gottverlassen«, so hat das Nachrichtenmagazin *News* einmal meinen Heimatort beschrieben.

Das Mühlviertel ist aus Wiener Sicht tatsächlich eine entlegene Region, vom Klima her rau und ursprünglich wie die karge Landschaft, die von Granit und Gneis geprägt ist und zur Böhmischen Masse gehört. Bis 1989 lag es am Rande des sogenannten Eisernen Vorhanges, der das damals kommunistische Europa vom »Westen« trennte. Bis ins frühe 20. Jahrhundert waren Webereien der einzige Industriezweig, ansonsten gab es Land- und Forstwirtschaft. Dabei hatte das Mühlviertel durch Textilwirtschaft und den Handel, insbesondere mit dem Salztransport nach Böhmen, eine blühende Entwicklung im Mittelalter erlebt. Wunderschöne mittelalterliche Plätze sowie Markt- und Stadtgebäude in Freistadt, Rohrbach,

Neufelden oder Lembach sind Zeugen einer prosperierenden, aber vergangenen Entwicklung. In Helfenberg selbst stand einst eine der größten Textilfabriken Oberösterreichs, die Gebrüder Simonetta mit fast 2000 Mitarbeitern. Mit dem Strukturwandel in der Produktion ist die Textilwirtschaft hier niedergegangen, und übergeblieben ist ein riesiges Gebäude mit fünf Stockwerken mitten im Ort, das eigentlich nicht zum Ortsbild passt. Jahrelang wurde es nicht genutzt. Dann hat es ein Investor, der ebenfalls seine Wurzeln im Ort hat, gekauft, gewissermaßen aus Sentimentalität, weil seine Großmutter dort gearbeitet hatte. Jetzt sind eine Handelsfirma und ein Spar-Markt in der »Fabrik«, wie sie im Ortsjargon heißt, eingemietet. Im Endeffekt hat der Ort keine positive Entwicklung gehabt in den letzten Jahren. Arbeitsplätze waren nicht oder nur wenig vorhanden. Es wurde immer schon viel gependelt, meistens in die Hauptstadt Linz. Wer sich weiterentwickeln wollte, musste sich auf den Weg in die Städte machen. Wer studieren durfte, musste nach Wien, Innsbruck oder Salzburg gehen.

Meine Vorfahren stammen aus dem Mühlviertel, ihre Lebensgeschichten sind großteils ein Resultat der typischen gesellschaftspolitischen Bedingungen der Region. Man hatte eine Landwirtschaft oder arbeitete in einer, war Kleinunternehmer oder Beamter. Mein Vater kam aus einer bäuerlichen Familie aus Pabneukirchen im Unteren Mühlviertel, meine Mutter aus einer Tischlerei-Familie direkt aus Helfenberg. Auch meine Ehefrau Anna Maria ist Helfenbergerin, sie stammt aus einer Familie, die im Ort ein Gasthaus betreibt. Wir kennen einander seit Kindheitstagen.

In der Familie meines Vaters hat es immer geheißen: »Der soll es einmal besser haben, als wir es gehabt haben.« Das liegt daran, dass mein Vater, Josef Mitterlehner, seinen gleichnamigen Vater sehr früh verloren hat. Letzterer war Landesbediensteter, also Beamter, und ist beim Kirschenpflücken abgestürzt, weil die Leiter unter ihm weggebrochen ist. Er hinterließ eine Frau und drei Kinder, zwei Mädchen und meinen Vater. Meine Großmutter väterlicherseits plagte sich alleine durchs Leben. Sie arbeitete als Mesnerin im Ort und nahm kleinere Arbeiten an. Trotzdem schaffte sie es, meinem Vater das Realgymnasium in Linz zu finanzieren. Fürs Erste. Als er in der sechsten Klasse war, ging es nicht mehr, und mein Vater musste die Ausbildung abbrechen. Er begann bei einer Versicherung zu arbeiten, was damals möglich war ohne weitere Schulungen. Als er 18 Jahre alt war, heuerte er bei der Gendarmerie an. Dort bekam er seine Ausbildung und wurde dann, wie das üblich war, an immer wieder neue Orte versetzt. So kam er auch nach Helfenberg, wo er dann meine Mutter kennenlernte.

Mein Vater hat zeit seines Lebens daran genagt, dass er die Schule nicht abgeschlossen hat. Das hat er nie so zugegeben, er hat mir und meinen Geschwistern jedoch immer, als wir später am Gymnasium Latein gelernt haben, Nachhilfe gegeben, auf seine Art: Man hatte dabei den Eindruck, er repetierte den gesamten Stoff noch einmal für sich. Mein Vater war überhaupt ein spezieller Charakter. Er war ein sehr eigenständiger Denker, hat sich immer eine eigene Meinung geleistet und war sehr am Geschehen in der Welt interessiert. Wir hatten nicht nur eine Tageszeitung, die *Oberösterreichischen Nachrichten*, sondern mein Vater abonnierte auch das Nachrichtenmagazin *Profil*, als es im Jahr 1970 auf den Markt kam. Er hörte jeden Tag die Nachrichtenjournale, und weil er nicht nur auf österreichische Nachrichten angewiesen sein wollte, hörte er auch bayerische Sender. Vielleicht war das der Grund, weshalb er nicht Mundart sprach, sondern nach der Schrift, was im Mühlviertel durchaus auffiel. Einer seiner geflügelten

Sätze war: »Sprich in ganzen Sätzen!« Ich habe diese Ermahnung als Kind sehr, sehr oft gehört. Seine beruflichen Protokolle als Gendarm verfasste er bisweilen zum Spaß in Hexametern, was dazu führte, dass einige seiner Mitschriften beim oberösterreichischen Landesgericht und Oberlandesgericht aufgehoben wurden und ich sie viele Jahre später vom damaligen Präsidenten des Oberlandesgerichtes Alois Jung überreicht bekam.

Das alles hat sicherlich auf meine Geschwister und mich abgefärbt. Mir hat man ja in der Politik immer eine gewisse Unabhängigkeit, auch Unberechenbarkeit nachgesagt, und ich denke, ich verdanke sie zum Teil auch meinem Vater. Er war einfach das, was man heute einen sich ständig informierenden und weiterbildenden Menschen nennt. Für ihn war nicht die Schule das Ende des Nachdenkens, auch nicht seine beruflichen Verpflichtungen, die er im kleinen Finger gehabt hat, sondern ihn trieb ein großes Interesse an, die Vorgänge in der Welt zu verstehen und sich dazu eine eigene Meinung zu bilden. Er wollte seinen Horizont stetig erweitern, und dank der neuen Medien und dem damals als Massenmedium aufkommenden Fernsehen gelang es ihm auch. Einen eigenen Fernseher, den mein Vater im Grunde für Ablenkung hielt, hatten wir jedoch lange nicht. Wenn wir Kinder fernsehen wollten, gingen wir zur Tante oder zur Großmutter.

Mein Vater war ein Individualist und Charakterkopf, prägender für mich als Kind waren jedoch meine Mutter und ihre Familie. Das hat vor allem damit zu tun, dass mein Vater in die Familie meiner Mutter eingeheiratet hat und zu ihr nach Helfenberg gezogen ist. Ich habe meine Verwandten in Pabneukirchen und den Ort selbst gerade zweimal in meinem Leben gesehen. Meine Großmutter ist bald gestorben, und meine beiden Tanten lebten in Linz. Aus heutiger Sicht bedauere ich diesen aufgrund der Entfernung distanzierten Kontakt eigentlich sehr.

Meine Mutter war die dritte Tochter aus einer angesehenen und alteingesessenen Tischler-Familie in Helfenberg, den Traxlers. Sie war die Jüngste von drei Töchtern. Und dann gab es noch den lang erwarteten Erben, den Jüngsten, meinen Onkel Kurt. Dieses Tischlereiunternehmen gibt es seit dem Jahr 1820, und die Familie verstand sich als Mitglied des ländlichen Bürgertums. Der Betrieb war immer ein etabliertes, sehr bodenständiges und qualitätsorientiertes Unternehmen. Die Tischlerei beschäftigte, als sie mein Onkel übernommen und auch ausgebaut hat, immerhin zwischen 25 und 30 Mitarbeiter. Zum Selbstverständnis der Familie gehörte es, dass mein Großvater mütterlicherseits im Ort die verschiedensten Vereine und kulturellen Initiativen unterstützte: die Theaterspiele, den Chor, die Faschingsgilde. Zumindest das Interesse für das Spielen im örtlichen Laientheater hat er auf mich übertragen. Als Schüler und Student habe ich mehrmals mitgespielt und Rollen in Komödien, etwa die des Sergeant Trotter im Stück *Die Mausefalle* von Agatha Christie, gespielt. Der Höhepunkt meiner Karriere als Schauspieler unter der Regie von Günther Wolkerstorfer war dann die Mitwirkung bei Freiluftaufführungen in Ritterspielen auf Burg Piberstein.

Diese Burg ist übrigens das Wahrzeichen der Gemeinde Ahorn und gehört der Familie Revertera. Die Burg wurde in den letzten vierzig Jahren sukzessive vom Kulturverein mit Obmann Karl Danzer unter Mithilfe des Landes renoviert, im Sommer und Herbst gibt es eine Reihe kultureller Veranstaltungen in der Burg. Für mich war die Burg in der Kindheit der Abenteuerspielplatz schlechthin. Es war verboten, die Burg zu betreten. Heute und auch sonst sehe ich die Burg als Kraftplatz, der so etwas wie Stärke vermittelt. Wenn ich Zeit habe, übernehme ich für Gruppen manchmal die Führungen und begeistere mich selber immer wieder an dem alten Gebäude aus dem 13. Jahrhundert.

Politisch engagierte sich der Großvater mütterlicherseits nie, er war ein Freigeist und behielt diese Haltung auch während der Nazi-Zeit und des Zweiten Weltkrieges bei. Er war nicht im Widerstand, aber er war absolut immun gegen die Ideen und Vorstellungen des Nationalsozialismus, widersprach auch einmal dem damaligen NS-Ortsgruppenleiter Walter Frischeis und hörte, was ja strengstens verboten war, nicht-deutsche Radiosender. Der Ort Helfenberg war zu dieser Zeit auch sonst bemerkenswert, und zwar dank einer kleinen, erst später im Zuge der geschichtlichen Aufarbeitung erkannten Widerstandsgruppe um den damaligen Grafen Peter Revertera-Salandra. Im Ort war Peter Revertera-Salandra selbstredend immer noch »der Graf«, auch wenn die Adelstitel in Österreich 1918 abgeschafft worden waren. Im Ständestaat von 1934 bis 1938 war Peter Revertera-Salandra Sicherheitsdirektor in Oberösterreich gewesen und damit Teil der politischen Elite. Die Nationalsozialisten inhaftierten ihn nach ihrer Machtübernahme im Jahr 1938 als politischen Häftling im KZ Dachau. Seine Frau Ida und ihre Kinder gehörten ebenfalls der Widerstandsgruppe an, diese war über Reverteras Schwager Karl Ludwig zu Guttenberg in Verbindung mit der Verschwörergruppe um Graf Stauffenberg. Als die Amerikaner im Jahr 1945 Helfenberg befreiten und mit Panzern in den Ort einrückten, ging ihnen Peter Revertera mit einer weißen Flagge entgegen und bewirkte so, dass im Ort nicht mehr geschossen wurde. Noch heute erinnere ich mich an Graf Peter und daran, dass ich ihm mit meiner Kindergartengruppe zu seinem Namenstag Ende Juni im Schloss gratulieren durfte. Der Graf schenkte uns dann Süßigkeiten als Dankeschön. In der Gegend hier sagen die älteren Leute heute immer noch »die Herrschaft«, wenn sie vom Schloss oder dem Grafen sprechen. Fast jeder

Ort hatte seine Burg oder sein Schloss, das von einer adeligen Familie bewohnt wurde, und somit »ihre Herrschaft«.

Mit dem damaligen Grafen Peter hatte ich zufälligerweise noch einen zweiten Berührungspunkt. Das kam so: Ich wurde im Jahr 1965 gefirmt, damals nicht wie heute mit 14 Jahren, sondern als Schüler der vierten Klasse im Alter von zehn Jahren. Mein Firmpate war Landeshauptmann Dr. Heinrich Gleißner. Die Firmung erhielt ich in Linz durch Bischof Zauner. Gleißner war nicht deshalb mein Firmpate, weil wir einander gekannt hätten, sondern weil er die Patenschaft für mehrere Kinder von Beamten übernommen hatte. Da ich ein wenig größer als meine Kollegen gewachsen war, durfte ich den Zug der Firmlinge mit einem Mädchen anführen. Dadurch ergab sich ein Gespräch mit dem Landeshauptmann, der mich im Zuge dessen auch nach meinem Wohnort fragte. Als der Name Helfenberg fiel, erzählte er umgehend und beinahe ausufernd von Erlebnissen mit Graf Peter und der Freundschaft, die ihn mit ihm verband. Ich sollte ihn von ihm grüßen lassen, was weniger Eindruck auf mich machte als die Uhr, eine Oriosa Swiss, die ich als Firmgeschenk bekam und noch heute habe.

Unserem damaligen Pfarrer passte der Firmpate gar nicht, weil er meinte, ein Pate hätte schließlich die Aufgabe, den Firmling auf dem weiteren Lebensweg zu unterstützen, und das sei bei einem Paten wie Gleißner, mit dem ich vermutlich nie mehr Kontakt haben würde, schlicht unmöglich. Das stimmte jedoch nicht ganz so. Ein paar Jahre später war Gleißner bei einer Schuleröffnung in Helfenberg. Ich ministrierte und war mutig genug, ihn als Firmpaten anzusprechen. Er reagierte freundlich, erkundigte sich nach meiner Schulentwicklung und konnte sich sogar an mich erinnern.

Damals war es in Familien wie jener meiner Mutter noch üblich, dass die Erstgeborenen die bestmögliche Ausbildung bekamen, wenn sie dementsprechend begabt waren. Alles andere war für eine Familie damals schlicht nicht leistbar. Meine Mutter war die Drittgeborene und hatte damit das Nachsehen, obwohl sie nach den Aussagen des Helfenberger Volksschuldirektors Hubert Reich eigentlich die begabteste Schülerin gewesen war, die er je gehabt hatte. Meine älteste Tante Brunhilde besuchte die Handelsschule und zog nach Klosterneuburg bei Wien. Meine zweite Tante Inge wurde Lehrerin an der Volksschule im Ort und sollte für mich und meinen Bildungsweg noch eine sehr wichtige Rolle spielen. Meine Mutter besuchte jedoch lediglich die Volksschule und fing dann bei der örtlichen Raiffeisenkasse zu arbeiten an. Nach ihrer Verheiratung gab sie auch diesen Job auf, wurde Hausfrau und arbeitete später im Familienunternehmen mit. Als mein Onkel die Firma übernahm, half sie in der Buchhaltung mit, soweit es eben ging mit sechs Kindern.

Sie war also eine Frau, die, wie es damals noch typisch war, ihre Talente und ihre Begabungen in den Dienst der Familie stellte. Sie hatte gewissermaßen die Alltagskompetenz und war unsere erste Ansprechpartnerin. Sie hätte wohl ein Riesentalent für Architektur gehabt, konnte unglaublich gut zeichnen und skizzieren und war sehr schnell im Kopf. Wäre sie dreißig Jahre später geboren worden, hätte sie wahrscheinlich Karriere gemacht. Damals aber wurden Frauen nicht einmal zum Frühschoppen am Sonntag mitgenommen. Es war eine Männergesellschaft, und der Platz der Frauen war zu Hause. Meine Mutter selbst hat sich nie dazu geäußert, sie hat wohl nicht darunter gelitten, es war damals eben so. Sie hat sich anderen Aufgaben gestellt in der Familie und im Tischlereibetrieb. Sie war das, was man heute eine Familienmanagerin nennen würde. Große Entscheidungen haben meine Eltern immer gemeinsam getroffen.

Der Tischlerbetrieb war in den ersten Jahren meiner Kindheit immer präsent. Wir wohnten im Obergeschoß des Betriebes, also direkt über der Tischlerei. Die Geräusche, wenn in der Früh an Wochentagen gearbeitet wurde, waren für mich weder lästig noch unangenehm, sondern vertraut. Jeden Arbeiter kannte ich als Kind persönlich, und umgekehrt nahmen diese durchaus Anteil an meiner Entwicklung. Ich selbst hatte eher bescheidenes handwerkliches Talent. Dennoch, wenn Hilfe gebraucht wurde, etwas umgebaut werden musste oder auch während der Schulferien waren wir es gewohnt, auch gelegentlich mitzuarbeiten. Mein Onkel honorierte diese Hilfsdienste durchaus großzügig.

Wir waren als Kinder natürlich nicht ins kaufmännische Geschehen eingebunden, aber ich bekam von Anfang an dieses spezielle, kleinunternehmerische Gefühl der Sorge um alles Mögliche mit: die Sorge, dass da ein Kunde nicht zahlen wollte oder ungerechtfertigt einige Prozente abzog, oder die Sorge, wenn es etwa ein neues Gesetz, neue Abgaben, neue Regeln oder neue Auflagen gab. Der Grundtenor in der Tischlerei war ein vorwurfsvoller, ganz nach dem Motto: Dem Unternehmer wird nicht genug Bedeutung beigemessen, Unternehmer werden von der Bürokratie behindert und nicht genug geschätzt. Das war damals nicht viel anders als heute, jedoch zu der Zeit, als ich Kind und Teenager war, besonders ausgeprägt. Es waren die »Kreisky-Jahre«, die Jahre der sozialdemokratischen Kanzlerschaft unter Bruno Kreisky, die von 1970 bis 1986 dauerten, also von meinem 15 bis zu meinem 31. Lebensjahr. Als Chef einer Unternehmerfamilie wählte mein Onkel natürlich bürgerlich. Die anderen, das waren die »Sozis« und ein Feindbild. Logisch, dass ich schon damals die Unternehmerpartei ÖVP sympathisch fand und vor allem in Josef Taus so etwas wie den »Anti-Kreisky« sah.

Heute werden Kinder geplant, man überlegt zumeist, wann der beste Zeitpunkt sei, sie zu bekommen und eine Familie zu

gründen, um ferner Beruf, Karriere und Privates zu verein-
baren. Bei meinen Eltern, glaube ich, hat es sich mehr oder
weniger ergeben, wie es war. Meine Eltern bekamen zuerst
drei Kinder in kurzen Abständen: mich, zwei Jahre später
meinen Bruder Thomas, dann, drei Jahre später, meinen Bruder Andreas. In einer Regionalzeitung stand, nun wären wir
mit vier potenziellen Spielern eine vollständige Tarockrunde.
Einige Jahre später bekam ich noch drei weitere Geschwister:
Gottfried, Herlinde und Christian. Mein jüngster Bruder
Christian kam mit dem Downsyndrom zur Welt. Seine Geburt
hat unsere Familie noch enger zusammengeführt.

Obwohl ich insgesamt fünf Geschwister habe, wuchs ich,
weil sie sozusagen in zwei Staffeln geboren wurden, nicht in
einer klassischen Großfamilie auf. Wir älteren waren zu dritt
und schliefen, solange wir unser Haus noch nicht hatten, in
einem Zimmer. Im neuen Haus schliefen meine Geschwister
dann je nach Alter zu zweit. Mein Bruder Thomas ging ins
bischöfliche Gymnasium Petrinum in Linz, damit war einer
weniger ständig zu Hause. Bis auf meinen jüngsten Bruder
Christian haben alle meine Geschwister die Matura gemacht
und danach studiert oder eine andere Ausbildung abgeschlossen. Der Abschluss einer Ausbildung – ob Studium oder
Handwerk – war der Wunsch meines Vaters. So war es dann
auch: Mein jüngerer Bruder Thomas ist Berufsschuldirektor
in Linz. Der nächste, Andreas, ist Generaldirektor der Hypo
Landesbank. Gottfried ist Polizist wie mein Vater und mittlerweile Chef des Landeskriminalamtes und hat auch das Elternhaus in Helfenberg übernommen. Mein jüngster Bruder
Christian wohnt und arbeitet in einer Behinderteneinrichtung
in Peuerbach. Und meine einzige Schwester Herlinde – sie
heißt wie meine Mutter – lebt in Wien und ist Biotechnologin.

Binnen einer Generation konnte sich meine Familie aus
eher einfachen Verhältnissen emporarbeiten und etablieren.

Vieles davon verdanken wir, im Nachhinein betrachtet, auch der Politik jenes Mannes, den mein Onkel für seine beruflichen Sorgen verantwortlich machte: Bruno Kreisky. Vor allem die Bildungsreformen des sozialdemokratischen Kanzlers waren für mich und meine Geschwister ausschlaggebend für unseren weiteren Weg. Die Basis für unseren Aufstieg wurde aber in unserer Familie gelegt: durch einen Vater, der uns von klein auf vermittelte, was eigenständiges Denken hieß, und wie wichtig es war, sich weiterzubilden, ferner durch eine Mutter, die immer für uns da war und uns emotionalen Halt gab. Und durch eine Familie, die an uns glaubte und schlicht und ergreifend wollte, dass jeder von uns seinen eigenen Weg, der den Neigungen und Fähigkeiten entsprach, gehen konnte.

WACHSEN
Gymnasium Rohrbach – Rebellion –
Bildung als Schlüssel

Ohne Gleichheit der Bildungschancen ist die
soziale Rolle des Staatsbürgers nicht durchgesetzt.

RALF DAHRENDORF

Anfang Juni 1965 bestand ich die Aufnahmeprüfung für das Gymnasium Rohrbach. Es heißt, die für das spätere Leben prägendsten Jahre der Kindheit sind die Jahre von drei bis sieben. Bei mir war das anders. Für mich war diese Prüfung das Schlüsselerlebnis. Es stellte die Weichen meines Lebens komplett neu und war im Rückblick die wohl wichtigste Entscheidung für meinen späteren beruflichen Lebensweg.

Das macht natürlich auch nachdenklich, weil wir aus allen Bildungsstudien wissen, dass die Frage ob Gymnasium oder Mittelschule im deutschsprachigen Raum Kinder zu früh voneinander trennt und damit Lebenswege ermöglicht, viel öfter aber auch verbaut. Auch bei mir war es eher den Umständen geschuldet, dass sich bei mir das Tor Richtung Gymnasium öffnete, und nicht das Richtung Hauptschule. Dass ich überhaupt zur Eignungsprüfung für das Gymnasium antreten würde, habe nicht ich entschieden, sondern meine Eltern, vor allem meine Mutter und meine Tante, die Lehrerin an der Volksschule in Helfenberg war. Sie war es, die mir den Weg gewiesen hat.

Meine Tante war genauso, wie man sich eine Tante gemeinhin vorstellt: ein Fels in der Brandung, der uns Orientierung und Hilfe gab, wenn man mit Problemen zu ihr kam. Sie war unverheiratet und kinderlos geblieben und wohnte bei ihrer Mutter im Haus direkt neben uns. Wir gingen zu ihr, um fernsehen zu können, wenn wir Taschengeld brauchten oder einfach einen guten Rat, oder wenn wir uns über unsere Eltern beklagen wollten. Tanten und Onkeln können sehr wichtige Lebensmenschen sein auf dem Weg zum Erwachsenenwerden.

Meine Tante war dann in der letzten Volksschulklasse auch noch meine Lehrerin, was manchmal nicht ganz einfach war, weil sie an sich schon eine besonders strenge Lehrerin war und zu mir dann eben noch ein wenig strenger. Sie hat mich mehr gefordert als die anderen, weil ich aus der Familie kam und damit die Maßstäbe an mich höher waren. Aus Sicht meiner Tante war ich kein besonders folgsamer oder fleißiger Schüler, aber ich war neugierig. Vielleicht hat es sie beeindruckt, dass ich schon in der zweiten Klasse Bücher von Karl May und die ÖVP-Tageszeitung *Volksblatt* gelesen habe. Das *Volksblatt* hatte mein Onkel abonniert, seit ich es las, war mir auch die Fußballmannschaft LASK ein Begriff, die 1965 Meister geworden ist. In diesem Jahr fand auch das erste Spiel der österreichischen Nationalmannschaft in einem Bundesland, und zwar in der oberösterreichischen Landeshauptstadt, statt. Es war für mich ein prägendes Erlebnis, dass mein Vater mit mir dieses Spiel besuchte. Es war im Übrigen das Spiel Österreich gegen Rumänien, das 1:1 ausging. Für mich war es das erste Mal im Stadion. Wann immer ich konnte, besuchte ich in der Folge LASK-Spiele.

Die Schule damals war noch auf ganz klassische Wissensvermittlung ausgelegt. Wir lernten Lesen, Schreiben und Kopfrechnen zur Perfektion. Kritisches Denken und das Verstehen von Zusammenhängen waren noch kein so großes Thema.

Diese Art von Pädagogik sollte ich erst im Gymnasium kennenlernen. Trotzdem habe ich ein Leben lang von diesen Grundkenntnissen aus der Volksschule profitiert, sie waren das Rüstzeug für alles andere. Da die Noten dann passten, wurde in der vierten Klasse ohne mein wirkliches Zutun entschieden, dass ich die Aufnahmeprüfung versuchen sollte. Es klappte problemlos. Ich empfand das damals nicht als etwas Besonderes, sondern dachte mir nur, als meine Mutter und ich mit dem überfüllten Postbus retour fuhren, dass das Hin- und Herfahren anstrengend werden würde.

Rohrbach war nicht irgendein Gymnasium, sondern ein ganz neues, gerade einmal ein paar Jahre alt, als ich eintrat, und zudem die einzige staatliche weiterführende allgemeinbildende Schule in der Region. Ich wiederum war der Einzige aus Helfenberg, der damals in der ersten Klasse startete. Für mich hieß das, dass ich vom Dorfschulklassler auf einmal zum Pendlerschüler geworden war. Die Geborgenheit des Ortes, die vertraute Umgebung, alle meine Freunde waren schlagartig weg. Ich musste nun jeden Morgen um 6.30 Uhr aufstehen, um um sieben Uhr den Autobus zu erreichen. Die anderen Schüler aus Helfenberg, die die Hauptschule besuchten, stiegen in Haslach an der Mühl aus. Das war zehn Kilometer weit weg, ich musste hingegen noch weitere sieben Kilometer bis nach Rohrbach fahren. Für meine Rückfahrt gab es noch keine durchgängige Busverbindung. Heute fahren die Schulbusse im Stundentakt. Ich war mehr oder weniger auf mich allein gestellt und musste improvisieren. Manchmal fuhr ich per Autostopp oder organisierte mir die Rückfahrt mit Freunden. Nach ein paar Monaten kannte ich so jeden Vertreter oder Lieferanten und seine üblichen Zeiten, und umgekehrt war es genauso. Rudolf Rathgeb etwa, ein Mathematikprofessor aus Oberneukirchen, der dieselbe Strecke wie ich zurücklegen musste, nahm mich und auch andere regelmäßig mit. Er wurde später Bürgermeister von Oberneukirchen. Ich musste damals also sehr selbstständig und mutig sein und habe heute noch eine Grundsympathie für Autostopper.

Das Bundesrealgymnasium Rohrbach startete als Expositur des Zweiten Bundesgymnasiums Linz im Jahr 1963. Davor war es eine Art Schulversuch der Hauptschule Rohrbach gewesen und mal im Volksschulneubau, später im heutigen Gebäude der berufsbildenden Schule in der Akademiestraße untergebracht. Erst 1969 zog die Schule mit 16 Klassen in ein neu errichtetes Gebäude am Ehrenreiterweg in Rohrbach und wurde ganz eigenständig.

Man muss sich vorstellen, dass damals nur ein kleiner Teil der Kinder im Bezirk Rohrbach die Möglichkeit hatte, überhaupt eine höhere Schule zu besuchen. Bevor das Gymnasium in Rohrbach gegründet worden war, gab es nur kostspielige, private allgemeinbildende Schulen. Ohne dieses Gymnasium wäre nicht nur mein Leben, sondern auch das vieler Jugendlicher im Mühlviertel in den 1970er-Jahren anders verlaufen und mir und ihnen eine akademische Laufbahn vermutlich verwehrt geblieben. Aus meiner Klasse ging damals allerdings nur einer meiner Mitschüler auf die Universität nach Linz. Die meisten schlugen andere Laufbahnen ein oder studierten an anderen Universitäten. Einige meiner Mitschüler habe ich, obwohl die Klassengemeinschaft gut war, seit der Matura nie mehr wiedergesehen. Hätte uns das jemand am Tag der Maturafeier gesagt, wir hätten es nicht geglaubt.

Mein eigener Bildungsweg hat auch mir klargemacht, wie wichtig gute Schulen gerade am Land sind, wo es nicht so viele Möglichkeiten gibt wie in Städten. Wo im Land werden heutzutage noch neue Schulen gebaut so wie damals in Rohrbach? Das Gymnasium Rohrbach wurde übrigens auf Privatinitiative eines Richters namens Karl Auzinger gegründet, der im damals ÖVP-regierten Unterrichtsministerium bei Heinrich Drimmel fünf Jahre lang für seine Idee lobbyieren musste, bevor der Schulversuch dann startete.

Das Gymnasium in Rohrbach hatte ein großes Einzugsgebiet, und deshalb ist es nicht ungewöhnlich, dass ich einige meiner damaligen Mitschüler später in anderen Zusammenhängen wiedergetroffen habe. Zu meinen Schulkollegen zählten etwa Erwin und Herbert Buchinger. Erwin war Schüler in der Parallelklasse, Herbert war eine Klasse unter uns. Sie stammten aus Rohrbach. Erwin wurde später SPÖ-Sozialminister, Herbert Vorstandsdirektor des Arbeitsmarktservice. Nicht notwendig zu erwähnen, dass sie in der Wolle gefärbte Sozialdemokraten waren. Ihr Vater war nämlich SPÖ-Bezirksparteisekretär, sie mischten damals schon die Sozialistische Jugend zwischen Mühlviertel und Salzkammergut auf. Ich wiederum übte mich in der Rolle des Unternehmervertreters und war Mitglied der JVP. Das Thema Unternehmer war mir aus der Familie meines Onkels ja wohlbekannt. Die beiden Buchinger-Brüder und ich lieferten einander in der Schule schon erste Wortgefechte, aber wir blieben immer in einem fairen gepflegten Rahmen. Wir sollten einander im Laufe unserer Karrieren immer wieder treffen und unsere Auseinandersetzungen weiterführen, etwa bei Podiumsdiskussionen für oder gegen den EU-Beitritt, in der Bundesregierung und innerhalb der Sozialpartnerschaft.

Viel wird heute darüber geredet und auch geklagt, dass das typisch österreichische politische System des sozialpartnerschaftlichen Dialogs und Ausgleichs schnelle Entscheidungen verhindert und lähmende Pattstellungen bringt. Das Beispiel Erwin und Herbert Buchinger zeigt mir, dass es auch Vorteile hat, wenn man sich über die Jahre hinweg kennt und durchaus unterschiedliche Meinungen hat, aber die Gesprächsbasis und der Respekt voreinander nie verloren gehen. Das hat mich als Interessenvertreter und später als Politiker stark geprägt. Dass in unserem Fall all das bereits im Gymnasium begonnen hat, ist natürlich ein besonderer Glücksfall.

Das Gymnasium Rohrbach machte mich also zum Pendler und entzog mir die Geborgenheit meines Heimatortes, gleichzeitig weckte die Tatsache, dass ich wegfahren musste, in mir das Bedürfnis, mich im Ort mehr zu engagieren und zu verankern. Also begann ich, beim örtlichen Sportverein mitzumachen. Ich engagierte mich in der Jungschar und wurde Jungscharführer. Ich jobbte auch als Briefträger im Sommer. So lernte ich fast jeden Bewohner meiner Region irgendwann einmal kennen. Noch heute habe ich die Postadressen entlegener Höfe im Kopf, wenn ich mit dem Auto oder Fahrrad außerhalb des Ortes in die Umgebung komme.

Später, als ich 24 Jahre alt war, wurde ich im Sportverein Obmann und habe mit Unterstützung der Gemeinde einen Sportplatz durchgesetzt und einen Fußballverein gegründet, die DSG Union Helfenberg, mit der wir zehn Jahre in der Meisterschaft gespielt haben. Einmal waren wir sogar Herbstmeister, auch ein Gastspiel des LASK gab es mit großem Publikumszuspruch. Ich spielte jedoch lieber Tischtennis und Tennis. Das sind die beiden Sportarten, die ich aktiv intensiv ausgeübt und mich sogar an der Verbandsmeisterschaft beteiligt habe. Ich war gern Teil der örtlichen Gemeinschaft, ich wollte eingebunden sein, weil ich mich dort geborgen fühlte.

Vereinsstrukturen sind anders gestrickt als Parteistrukturen. Sie sind unabhängig von Status, Bildung oder Job und agieren auf einer Ebene der Akzeptanz, die verbindet. Sportvereine gehören da dazu. Es geht ums Gewinnen oder Verlieren, ums Anfeuern, Mitfiebern und Mithelfen, und das bringt Menschen quer durch alle Schichten unabhängig von ihren Interessen oder Berufen zusammen. Solche Ebenen sind wichtiger denn je, gerade heutzutage. Obwohl es schon Jahre her ist, habe ich auch heute noch Bekannte und Freunde aus dieser Zeit. Wenn ich später in der Gegend eine Veranstaltung hatte, kamen nicht selten ehemalige Sportkameraden dazu.

Zugegebenermaßen waren diese Vereinstätigkeiten für mich auch eine willkommene Gelegenheit, der elterlichen Kontrolle zu entkommen. Dazu gehörte nämlich, dass wir an den Freitagabenden oft zu Tischtennisturnieren in andere Orte fuhren und dort dann auch ausgingen, und zwar länger, als es mir ansonsten erlaubt war. Da mein Vater, als ich gerade 16 Jahre alt wurde, nach mehreren Stationierungen in anderen Ortschaften in Helfenberg Gendarmeriepostenkommandant wurde, stand ich als sein Sohn gerade dort natürlich besonders unter Beobachtung. Insofern waren das Ausgehen am Abend, das Einhalten von Sperrstunden und das Beherrschen von Alkoholkonsum immer ein Thema für mich.

Nie gab es übrigens ein Problem wegen Auffälligkeiten im Straßenverkehr oder wegen Raufereien oder Alkohol. Ich hatte mit meinem Vater nur ein einziges Mal ein wirklich dienstliches Thema, und das kam so: Wir hatten im Ort Anfang der 1980er-Jahre schon eine Fußballmannschaft, aber keinen genehmigten Sportplatz. Da bei uns rund zehn Leute von der Nachbargemeinde mitspielten und diese einen Sportplatz hatte, sollten sie uns übergangsmäßig ihren Sportplatz zur Verfügung stellen. Dort spielte allerdings auch ein anderer Verein namens Waldmark, das wäre kein Problem gewesen, hätten wir einander bei Heim- und Auswärtsspielen abgewechselt. Es funktionierte jedoch nicht. Die andere Gemeinde, deren Bürgermeister noch dazu der Schwiegervater meines Bruders war, vertröstete uns Woche für Woche und kam zu keiner Entscheidung. So konnten wir nicht an der Meisterschaft teilnehmen und fühlten uns ungerecht behandelt, verschaukelt, wie man so schön sagte. Daher schrieben wir auch beim ersten Heimspiel der Konkurrenten mit Kalk das Wort *verschaukelt* auf die Rasenfläche, und zwar quer über das gesamte Spielfeld. Der Schiedsrichter konnte nicht anpfeifen und musste die Feuerwehr kommen lassen, um den Kalk wegzuspritzen. Das war ein Eklat der Sonderklasse. Ich wurde als Verantwortlicher wegen Besitzstörung geklagt. Beim nächsten Heimspiel der Waldmark zwei Wochen später kamen vorsorglich zwei Einsatzwagen der Gendarmerie. Mein Vater durfte wegen Befangenheit weder informiert werden noch am Einsatz teilnehmen und war kreuzsauer. Im Ort waren wir jedoch so etwas wie Helden, und der anstehende Sportplatzbau wurde quasi im Eiltempo realisiert.

Soziale Kontrolle ist die andere Seite von Geborgenheit. Ich habe das mit meiner Tante, meiner Volksschullehrerin, und meinem Vater, dem Polizeichef vor Ort, in meiner Jugend also gleich zweimal lernen dürfen – und mich da und dort der Kontrolle auch erfolgreich entzogen.

Auch wenn ich in den Kreisky-Jahren erwachsen wurde, die mit Wirtschaftsboom und Öffnung der Gesellschaft verbunden waren, hatte ich abseits meiner Bildungskarriere anfangs nicht das Gefühl, dass der Wohlstand so schnell nach Helfenberg kam. Meine Tante Brunhilde, die älteste Schwester meiner Mutter, lebte damals in Klosterneuburg und hatte mit ihrem Mann Walter ein gut gehendes Textilgeschäft. Sie war aus unserer Sicht reich. Sie besaß einen sehr schönen, großen Mercedes, wie ihn bei uns im Mühlviertel kaum ein anderer fuhr. Mit ihrer Familie fuhr sie nach Jugoslawien auf Urlaub, als es bei uns noch nicht einmal den Gedanken, dass man so etwas machen konnte, gab. Zu Ostern, wenn die Klosterneuburger ihren jährlichen Besuch bei den armen Verwandten im Mühlviertel abstatteten, brachten sie uns Kleidung, aber auch

Luxusartikel wie Schokolade oder einen Uhu-Stick mit. Nicht, dass es das bei uns in den Geschäften nicht auch gegeben hätte, die Städter nahmen jedoch zu Recht an, dass wir uns so etwas nicht immer leisten konnten.

Plötzlich jedoch, fast von einem Tag auf den anderen, änderten sich die Vorzeichen. Die Häuser sahen gepflegter aus, neue Siedlungen wuchsen wie die Schwammerln aus dem Boden und die Mühlviertler Bauern schafften sich neue Traktoren an. Kurzum, der Wohlstand war auch im eher benachteiligten Mühlviertel beinahe mit Händen zu greifen. Ich muss damals um die 18 Jahre alt gewesen sein, als wieder einmal Ostern kam und der Besuch der Verwandten anstand. Ihre neueste Errungenschaft war eine Filmkamera, mit der mein Cousin aus dem Mercedes bei offenem Schiebedach die am Platz vor der Kirche stehenden Messebesucher im Vorbeifahren filmte. Ob der Szene platzte aber meiner anderen Tante, der Lehrerin, der Kragen, und sie meinte zu ihrer Schwester: »Du, ich sage dir nur, so einen Mercedes kann sich bei uns selbst der Postler schon leisten.« Ab diesem Zeitpunkt unterblieben alle repräsentativen Demonstrationen städtischer Wohlstandsvermehrung schlagartig.

Ich kam exakt in dem Jahr ins Gymnasium nach Rohrbach, als es zu einem vollwertigen Gymnasium mit acht Klassen wurde. Davor war es ein Aufbaugymnasium gewesen, man wechselte also von der Mittelschule in die fünfte Klasse. Erst im Rückblick ist mir bewusst geworden, was für ein Privileg es war, eine so neue Schule zu besuchen. Wir hatten nur junge Professoren, die frisch von der Universität aus Wien oder Salzburg nach Rohrbach gekommen waren und hier ihren ersten Job angetreten hatten. Sie waren motiviert, engagiert und sehr, sehr liberal. Da die Schule mit jedem Schuljahr den Lehrkörper neu aufbauen musste, bekamen wir laufend neue

Professoren, die zum Teil kaum ein paar Jahre älter waren als wir selbst. Unseren Turnprofessor zum Beispiel, Roland Ecker, kannte ich schon von früher, er hatte eine Freundin aus Helfenberg und spielte gelegentlich in unserer Fußballmannschaft mit. Natürlich blieben wir beim Du von vorher, dennoch gab es in der Schule keinerlei Autoritätsprobleme. Der liberale Umgang miteinander war in den 1970er-Jahren noch nicht selbstverständlich, zumindest nicht in Österreich und schon gar nicht im strukturkonservativen Mühlviertel. Unsere Lehrer waren womöglich noch vom Jahr 1968 geprägt, von der großen Universitätsreform, die Studenten und Assistenten mehr Mitsprache an den Universitäten gebracht hatte, sie waren jedoch nicht »links« im politischen Sinn.

Der Unterricht war für damalige Verhältnisse also extrem fortschrittlich. Das fing schon bei der Anordnung der Tische im Klassenzimmer an, die wir in U-Form und nicht wie ansonsten üblich, nämlich geblockt, aufstellen durften. Zudem bestellten wir etwa im Geografieunterricht in der fünften Klasse im Jahr 1971 die Tageszeitung *Die Presse*, um die Gründung des Staates Bangladesch anhand der Medienberichte mitverfolgen zu können. Welche Probleme hatte dieser junge Staat? Wie berichteten die Journalisten darüber? Wir diskutierten das anhand der aktuellen Berichte und lernten unglaublich viel dabei. Unser Geografieprofessor, Franz Humenberger, ließ uns auch Statistiken und Grafiken machen und legte großen Wert auf Quellenangaben. »Woher hast du das? Wo ist die Quellenangabe für deine Darstellung«, fragte er uns immer wieder. Eine Frage, die in Zeiten des digitalen Wissens wichtiger ist denn je. Er hatte zwei Brüder, der eine fuhr im österreichischen Rennradteam, der andere war Faustballspieler im Nationalteam. Das machte ihn für uns junge Burschen natürlich schon deshalb zu einem Helden.

Unser Mathematikprofessor hieß Hansjürgen Prieth und begleitete uns mehrere Jahre. Er zeigte kaum Emotion, überraschte aber mit Querverweisen aus dem Handballbereich bei mathematischen Beispielen. Seine Ausdrucksweise war klar, aber lakonisch. Bei der namentlichen Aufrufung nach einer sehr schlecht ausgefallenen Schularbeit ging er meistens alphabetisch vor. Einmal passierte es, dass drei Schüler mit demselben Nachnamen nicht positiv abgeschnitten hatten. Sein Kommentar: »Anna Hauer, Nichtgenügend; Elisabeth Hauer, detto; Johann Hauer, detto.« Wenige Zeit später fragte er in einer anderen Stunde die Hausübungen ab. Der Erste, den er danach fragte, murmelte nur: »Herr Fessor (Schülersprache für Professor), ich habe leider die Hausarbeit daheim vergessen.« Prieth sagte gar nichts, sondern rief den Namen des nächsten Schülers auf. Der wiederum stand auf und sagte schlichtweg: »Detto.« Nach einer Schrecksekunde begannen alle inklusive Prieth herzlich zu lachen. Der bittere Ernst, der mit seiner Persönlichkeitsstruktur und nicht zuletzt auch dem Fach einherging, war zumindest in dieser Stunde vorbei.

Warum erwähne ich Hans Prieth? Nicht nur weil er ein großartiger Lehrer war. Einige Jahre später wurde er Bezirksobmann der FPÖ. Seine Ansichten und seine Einstellung hatte er aus dem Unterricht völlig herausgehalten. Das spricht für die Neutralität und Objektivität unserer Lehrer. Die Freiheit des Unterrichts von allen parteipolitischen und sonstigen Zugängen bedeutete jedoch nicht, dass wir nicht gesellschaftspolitische Vorgänge diskutiert hätten. Das haben wir sehr wohl. Es beschäftigten uns etwa die Probleme der damaligen Verstaatlichten, der Voest in Linz. Mit unserem Klassenvorstand Manfred Schindlbauer hatten wir, so wie mit vielen anderen Lehrern auch, über Jahrzehnte später noch Kontakt.

Vieles wird erst im Rückblick klar. Es war wirklich eine besondere Atmosphäre in diesem außergewöhnlichen, sehr jungen Gymnasium mit seinem extrem engagierten Lehrkörper. Unsere Lehrer haben uns nie eine Meinung oktroyiert, vielmehr gaben sie uns das Rüstzeug, damit wir selbstständig denken und uns eine Meinung bilden konnten. Sie haben Fragen gestellt, sich jedoch ganz selten eingemischt und noch seltener ihre eigene Meinung abgegeben. Auch, wenn es politisch wurde. Das rechne ich ihnen hoch an. So stelle ich mir nämlich politische Bildung vor.

Ich war kein Musterschüler, das war später meine Schwester, die meine Brüder und mich gewissermaßen rehabilitiert hat. (Na, wenn die Burschen genauso brav gelernt hätten!) Ich habe mich jedoch gut geschlagen. Ab meinem 15. Lebensjahr, also ab der Oberstufe bis zur Matura im Jahr 1974, trug ich meine Haare übrigens lang. Das regte meinen Vater furchtbar auf, manchmal schickte er mich ohne sichtbaren Erfolg gleich zweimal hintereinander zum Friseur. Ihm schwebte viel eher eine Art Kurzhaarschnitt vor, wie es bei russischen Kosmonauten üblich war. An zweiter Stelle stand der Scheitel mit einer Art Föhnwelle nach hinten, in Anlehnung an Elvis Presley. Das gefiel mir auch nicht. Als mich mein Vater mit seinem Volkswagen zur mündlichen Matura fuhr, schaute er mich von der Seite an und sagte: »Eines sag' ich dir, in einer entscheidenden Situation werden die wahrscheinlich schauen, wie du ausschaust, und dann sehen's da die langen Haar' – dann bist schon durchgefallen.« Darauf ließen es jedoch weder ich, noch die Prüfer ankommen. Alles ging glatt.

Nach der Matura im Juni 1974 begann ich schon im Juli mit dem Bundesheer in Salzburg. Es gab damals den zweimal Dreimonatsdienst für Maturanten in Salzburg. Man gewann durch die Abwicklung des Präsenzdienstes in den Ferien praktisch ein ganzes Studienjahr. Davon waren allerdings die Verantwortlichen und die Ausbildner wenig begeistert. Während ansonsten das Bundesheer eher in Verbindung mit dem Begriff, die Zeit totzuschlagen, stand, wurden die feinen Binkel mit Matura in der Kaserne Glasenbach ordentlich und systematisch geschliffen. Jedoch auch da änderten sich nach einigen Wochen die Vorzeichen. Die ersten sechs Wochen gingen wir bei langen Märschen und beim Lauftraining buchstäblich ein, allmählich kriegten wir aber eine großartige Kondition. Als nach etwa zwei Monaten ein für zwei Uhr morgens angesetzter Alarmmarsch stattfand, vertrieben sich einige Offiziere und das Kaderpersonal in der Offiziersmesse die Zeit bis zum Start mit ein wenig Alkohol, dann wurden wir alarmiert und der Nachtmarsch begann. Nach einigen Kilometern schwächelten dann nicht wir, sondern – unter großem Hallo – einige Berufsoffiziere, und wir mussten Halt machen. Seit damals war einiges lockerer im Umgang miteinander. Locker hat man es auch mit dem Haarschnitt genommen, und mit einigen friseurtechnischen Kunstgriffen bin ich mit relativ langen Haaren über die Runden gekommen. Das enttäuschte meinen Vater naturgemäß, obwohl er sich einen Kommentar dazu verkniff. Er hatte sich tatsächlich mehr vom »Barras« (Anm. Bundesheer) auf diesem Gebiet erwartet.

Meine Vorbilder in Sachen Musik, Mode und Haartracht musste ich mir also woanders suchen, bei Harald Stöglehner etwa. Er lebte im Ort, arbeitete jedoch als Techniker in München, und wenn er auf Urlaub in seiner Heimat war, trug er Schnabelschuhe, Glockenhose, Lederjacke, lange Haare und Schnurrbart. Er war ein Trendsetter, der schon ein Jahr vor allen anderen den neuesten Modetrend erkannt hatte. Dann gab es noch den ältesten Sohn der Nachbarsfamilie, Hans Zeinhofer, der in Freistadt aufs Marianum ging und dort eine etwas dynamischere Entwicklung genommen hatte als wir. Er war älter und irgendwie unabhängiger als ich, ja die ganze

Familie mit vier Kindern war eigentlich entspannter als meine eigene Familie Da gab es einfach mehr Spielraum. Ich verbrachte viel Zeit bei ihnen, eigentlich jede freie Minute, die ich hatte. Hans hatte eine Band namens *Sharks* gegründet und spielte uns auf seiner Gitarre immer Lieder vor, deren Titel und Originalinterpreten wir erraten mussten. Das prägte meinen Musikgeschmack. Schon damals gefielen mir Songs von den *Beatles*, den *Rolling Stones* und Rod Stewart besonders.

In unserer Region, die sich durch das Hochhalten von Tradition und volkstümlichen Bräuchen auszeichnete, war vieles vorgegeben, da reichten schon kleine Dinge, um aufzufallen und den Revoluzzer zu geben. Ich trug zum Beispiel eine Zeit lang rote und orange Socken, was meine Mutter unglaublich ärgerte. Mein Vater fand das nicht so schlimm. Diesbezüglich war er eher aufgeschlossen. Dann hatte ich da noch einen Mantel, den ich besonders liebte, der jedoch ebenfalls Aufsehen erregte. Mein Vater hatte ihn früher in seiner Jugend zum Reifenwechseln immer getragen. Durch die Sonneneinstrahlung war der Mantel, der einst grün gewesen war, total ausgebleicht. Ich fand ihn gerade deswegen so wunderschön, außerdem war er lang und in meinen Augen fantastisch geschnitten. Meine Mutter und meine Tante sahen das anders und waren erbost, dass ich die Chuzpe besaß, den Mantel in die Putzerei zur Spezialreinigung zu bringen, um ihn dann sogar am Sonntag anzuziehen. Nach ein paar Wochen war der Mantel plötzlich weg, und ich fand ihn mit abgeschnittenen Ärmeln wieder. Nun war ich, wie ich finde zu Recht, erbost. Es war auch nur ein halber Trost, dass mich alle Mitarbeiter der Reinigung seit damals persönlich kannten und anerkennend und aufmunternd grüßten.

Als ich im Jahr 2013 Wissenschaftsminister wurde, wurde ich vom Direktor des Gymnasiums Rohrbach eingeladen, an der Schule mit den Schülerinnen und Schülern zu diskutieren. Er übergab mir bei der Gelegenheit auch voller Stolz meine Maturaarbeiten die ich, da sie auch nicht wirklich großartig waren, umgehend entsorgte. Ich wurde während des Besuchs natürlich von den Schülern gefragt, was ich Ihnen für den weiteren Lebensweg empfehlen würde. »Jeden Tag eine Zeitung zu lesen und unbedingt Information aus mehreren Quellen zu beziehen, damit ihr eure eigene Meinung stärkt«, antwortete ich. Dann legte ich ihnen nahe, mit dem Erasmus-Programm Europa kennenzulernen und ihren Horizont zu erweitern. Nur so könne man Europa auch lieben lernen. Ein Schüler fragte abschließend und offensichtlich, ohne dass er vom Lehrkörper darauf vorbereitet worden wäre, was ich im Rückblick als auffälligsten Unterschied zu damals wahrnehmen würde. »Nun«, meinte ich, »wir hatten einen sehr jungen, und neuen Methoden aufgeschlossenen, motivierten Lehrkörper.« Sofort sah ich in den Augen der Zuhörer blankes Entsetzen. Die damals so jungen Lehrer waren zum Großteil noch immer da und hier alt geworden. Ich hoffte, dass sie immer noch motiviert waren. Als Reaktion gab es dann verlegenes Lachen. Beim Weggehen sagte dann der Direktor, der zu meiner Zeit schon als Lehrer dort gewesen war, zu mir: »Das hättest jetzt nicht sagen brauchen.« Nur ganz wenige Lehrer und Lehrerinnen waren an andere Schulen gegangen. Die Fluktuation an unseren Schulen ist leider nicht sehr hoch.

So sehr ich von meinem Gymnasium profitiert habe, glaube ich, dass im gesamten System nach wie vor Reformbedarf besteht. Die parlamentarischen Beschlüsse 2018 mit Rückkehr zum Schulnoten-System in den Volksschulen sind eher ein Rückschritt. Wir sind in Österreich nach wie vor sehr schlecht darin, die Übergänge im Bildungssystem zu begleiten. Vom Kindergarten in die Volksschule, von der Volksschule in die Mittelschule und in weiterführende Schulen. Die

ÖVP hält die Gymnasien hoch, wir evaluieren sie jedoch nicht einmal ordentlich. Es gibt keine Statistik darüber, wie sich ihre Absolventen später entwickeln oder welche Bildungswege sie einschlagen. Auch Qualitätsstandards fehlen. Was sagt ein Elternverein über die Schule? Oder eine andere Instanz? Gymnasien leben von ihrem Ruf, von Rankings, die in Zeitungen gemacht werden, von Mundpropaganda, viele von ihnen zu Recht, aber einer systematischen Evaluierung wie sie die Mittelschulen kennen, enthalten sie sich bis heute.

Für mich war das Gymnasium in Rohrbach ganz wichtig für den weiteren Lebensweg. Ich wünsche mir, dass das in Zukunft auch viele Schülerinnen und Schüler in Österreich über ihre Schulen sagen werden können.

DIE UNIVERSITÄT
Herausfordern von Hierarchien – Protest – Netzwerke

Bildung ist jenseits aller Standesunterschiede.

KONFUZIUS

Politik ist bisweilen ein irrationales Geschäft. Es passieren Dinge, über die man sich nur wundern kann. Als ich am 26. August 2014 in der »Zeit im Bild 2« mein erstes Interview als neuer ÖVP-Chef gab, stellte mir der Moderator Armin Wolf zum Schluss eine ungewöhnliche Frage, nämlich wie ich zu meinem Cartellverbands-Spitznamen *Django* gekommen sei. In den Medien wurde ich wenig später schon als *Django der ÖVP* hochgejazzt, die Assoziation mit dem coolen Italo-Westernheld gefiel der Öffentlichkeit, und natürlich liebt der Boulevard nichts mehr, als jemand so bildhaft als Angreifer hochzuschreiben, um ihn dann allerdings umso tiefer fallen zu lassen. Die Zeit zwischen Hoch und Tief wird dabei, wie auch später Christian Kern sehen musste, immer kürzer. Ich erklärte Wolf, dass es in meiner Studentenzeit im Cartellverband Austro-Danubia eher eigenartige Coleurnamen wie *Burli* oder *Zwirn* gegeben hatte und ich etwas anderes gewollt hätte und mir die Filme und die klare Linie des Schauspielers Franco Nero gefallen hätten. Außerdem hätte ich ihm damals ein wenig ähnlich geschaut. Ich würde zwar nicht so schnell schießen wie er, sei aber immer schon für klare Entscheidungen gewesen. Das kam ganz gut an.

Grundsätzlich kann man sich natürlich die Frage stellen, ob die Verwendung von derartigen Necknamen eher nützt oder schadet. Wahrscheinlich ist das ambivalent. Natürlich erleichtert es die Kommunikation und baut Hemmschwellen ab. Fünfzig Leute vor dem Stadion rufen nicht »Herr Dr. Mitterlehner, kommen Sie bitte her!«, sondern sie schreien vielmehr: »He, Django, glaubst auch, dass wir heit gewinnen?« Die Frage ist dann nur, ob man von dem Kontakt nachhaltig profitiert. Ich denke eher ja. Sieg vorausgesetzt. Als Politiker hätte ich, um stimmig als *Django* zu agieren, wohl schnell schießen müssen, sprich in Neuwahlen gehen oder den einen oder anderen hinausschmeißen müssen. Ob das Image eines Polit-Rambos jedoch das Wahre gewesen wäre, wage ich zu bezweifeln. Am 9. Mai 2017 war es wieder Armin Wolf, der mit dem Sager »Django, die Totengräber warten schon« den Namen und die Aussage dahinter strapazierte. Das hätte ich, wenn ich nicht betroffen gewesen wäre, als ganz witzig befunden, meine Familie und auch andere erlebten es jedoch eher als makaber und geschmacklos. Inzwischen haben wir uns, nämlich Wolf und ich, längst ausgeredet, die Zweischneidigkeit solcher Bilder und Strategien bleibt jedoch.

Was ich bei dem Interview Ende August 2014 nicht erzählte, war, wie einmal mehr der Zufall Regie in meinem Leben gespielt hatte. Ich hatte, als ich damals mein Studium der Rechtswissenschaften begonnen hatte, nicht geplant, einer katholischen Studentenverbindung beizutreten, und hätte also in diesem Fall einen solchen Necknamen gar nicht bekommen. Schon eher hatte mich hochschulpolitisches Engagement interessiert.

Ich kam im Jahr 1974 ganz alleine an die Linzer Universität, nicht wohlbehütet und begleitet von den Eltern, wie man sich das vielleicht vorstellt. Ich bin einige Tage nach Beendigung des Bundesheers mit meinem Freund Gerald Wolkerstorfer, der Lastwagenfahrer war, nach Linz gefahren. Ich hatte nur eine Tasche dabei. Er ließ mich in der Stadt aussteigen und sagte noch zu mir: »Ich glaube, du musst da in die Straßenbahn oder in den Bus einsteigen, damit du zur Uni kommst.«

Ich hatte ein Zimmer im Heim des Studentenhilfswerks, einer Organisation, die der Wirtschaftskammer und der ÖVP nahesteht. Gleichzeitig mit der Gründung der Universität im Jahr 1966 in Linz wurden auch vier Studentenheime errichtet, die alle mehr oder weniger offensichtlich einer Partei oder einer anderen Institution nahestanden. Neben meinem Heim gab es noch das sogenannte WIST-Heim, das der SPÖ – oder wie wir damals sagten: den Sozialisten – gehörte. Dann gab es das KHG-Heim, das der katholischen Hochschulgemeinde unterstand und daher eher von Diözese und Kirche geprägt war, und schließlich das sogenannte »Blaue Heim«, das dem Ring Freiheitlicher Studenten nahestand und das modernste und liberalste von allen war.

In meinem Heim gab es acht Stockwerke, ich wohnte im zweiten. Im ersten waren Dauermieter. Die Studentenverbindung und auch die Hochschülerschaft machten wie jedes Jahr zu Semesterbeginn ihre Antrittsbesuche bei den neuen Studenten – auf der Suche nach neuen Mitgliedern und Aktivisten. Sie sind meistens gar nicht bis zum achten Stock hinaufgekommen. Bei mir im Zimmer war der Senior, also praktisch der Obmann der Verbindung Austro-Danubia (AD), Klaus Gutenberger. Dieser meinte zu meinen Bedenken, ich wäre lieber bei der ÖH aktiv, das sei kein Problem, er selbst sei das beste Beispiel, er sei auch Vorsitzender des Hauptausschusses der ÖH gewesen. Beides zu machen, sei eher von Vorteil. So wurde ich Mitglied der AD und später dann durch Kandidatur bei der ÖSU gewählter Studienrichtungs- und Fakultätsvertreter.

Über die Hochschülerschaft und den Cartellverband lernte ich praktisch die gesamte spätere wirtschaftspolitische Elite Oberösterreichs kennen. Ich schloss Bekanntschaften, die für mich prägend waren und sich auf mein späteres Leben auswirkten. Oft wird über die Macht und den Einfluss des Cartellverbands diskutiert. An meinem Beispiel ist vielleicht ersichtlich, wie es zu diesem Mythos kommt. Dass der CV so einflussreich sein kann, ist kein verschwörerischer, geplanter Prozess, sondern es ergibt sich einfach, weil auf engem Raum zur gleichen Zeit eine gewisse Gruppe von Menschen zusammenkommt und ihre Kontakte verbindlich und intensiv zu pflegen beginnt, und zwar nicht nur für die Zeit des Studiums, sondern für das gesamte weitere Leben. Ein weit verbreitetes Vorurteil ist es, den CV als Job- Verteilungsmaschine abzutun. Wer seine Leistung nicht bringt, hat in einer wettbewerbsorientierten Wirtschaft auf Dauer keine Chance.

Die CV-Verbindung Austro-Danubia war darüber hinaus die einzige Studentenverbindung in Linz. Sie ist keine schlagende Burschenschaft. CV-Verbindungen wurden zur Zeit des Nationalsozialismus verfolgt und sie agieren auf dem Boden der Verfassung. Damals gab es natürlich nur männliche Mitglieder. Die AD war, wenn man bei einer CV-Verbindung in Linz sein wollte, die erste und einzige Wahl. Heute gibt es bereits drei Verbindungen in Linz. Viele Politiker und Manager von Land Oberösterreich, aber auch Freiberufler sind Mitglied der AD.

Was bedeutet es, zu studieren? Natürlich geht es darum, eine Vorbildung für das spätere Berufsleben zu erlangen. Ich muss zugeben, dass wir als Studenten Mitte der 1970er-Jahre in einer unglaublich privilegierten Situation waren, weil sich die Frage, ob wir einen Job bekommen würden, gar nicht stellte. Die Frage war vielmehr welchen. Wir konnten wählen. Deshalb studierte ich auch sehr entspannt, nicht in der Mindeststudienzeit von acht Semestern, sondern in elf Semestern. Gerade schnell genug, um mein Stipendium nicht zu verlieren. Ich hatte das damalige Höchststipendium von 2400 Schilling, weil mein Vater Alleinverdiener war und sechs Kinder hatte. Ich profitierte also enorm vom Stipendienwesen, das Bruno Kreisky eingeführt hatte. Mein Studentenheimzimmer kostete mich rund 600 Schilling. Große Sprünge waren mit diesem Budget nicht möglich, aber es finanzierte mir einmal die Basis. Luxus ging sich damit nicht aus, dennoch war ich insofern privilegiert, als mir mein Vater nach den ersten Semestern seinen alten VW-Käfer (Jahrgang 1958) schenkte, der meine Position und Mobilität erheblich verbesserte.

Für mich vielleicht am wichtigsten war jedoch, mit politischen Themen vertraut zu werden und zu lernen, mit Autoritäten umzugehen und sie auch herauszufordern. Die Zeiten dafür hätten nicht besser sein können. Der rote Kanzler Bruno Kreisky war am Höhepunkt seiner Macht, gleichzeitig kündigte sich jedoch eine Zeitenwende an. Neue soziale Bewegungen waren entstanden, und rund um die Abstimmung über das Atomkraftwerk Zwentendorf kristallisierte sich die österreichische Umweltbewegung, Vorläufer der Grünen. Neben der Anti-Atom- war auch die Friedensbewegung stark. Mit der Universitätsreform 1975 (Universitätsorganisationsgesetz/ UOG) unter Bundesministerin Hertha Firnberg wurde die Universität auf komplett neue Beine gestellt. Mit einem Mal hatten Universitätsprofessoren, der lehrende Mittelbau, also Assistenten und Forscher, und die Studenten zu je einem Drittel Mitspracherecht. Das war aus damaliger Sicht eine echte Revolution. Wir Studenten waren auf einmal eine wichtige Macht, egal ob es um Professuren, die Lehre oder die Infrastruktur ging. Das Studentenleben war also sehr aufregend, das Studentenfunktionärsleben erst recht.

Auch in meinem Studentenheim wurde mit der Heimleitung wegen verschiedenster Dinge gestritten. Es ging um Schließzeiten, die Hausordnung, aber vor allem auch um die Zimmerpreise. Der heutige Wirtschaftsprofessor Wilfried Altzinger, der nun an der WU Wien ökonomische Ungleichheit lehrt und forscht, wurde zum Heimsprecher gewählt. Weil es zu keinem Einlenken der Heimleitung kam, organisierten wir einen Protest. Es kam zu einer Besetzung des Foyers mit Matratzen. Im darauffolgenden September wurden alle Heimplätze, auch meiner, verlängert, nur der vom Heimsprecher Altzinger nicht. Er wurde ohne Begründung abgelehnt. Alle studentischen Gruppierungen des Hauses erklärten sich mit ihm solidarisch, aber es half nichts.

Ich war damals schon Studienrichtungsvertreter und dann Fakultätsvertreter bei der ÖSU. Die ÖSU war die eher der ÖVP nahestehende Studentenfraktion und stellte in der Uni Linz auch den Hauptausschussvorsitzenden. Bei der ÖSU waren damals auch Wilhelm Molterer, Ernst Strasser, Ernst Gansinger, der später beim oberösterreichischen Kirchenblatt Chefredakteur war, Gerald Bast, heute Direktor der Angewandten, und Sepp Falkinger, später Volkswirtschaftsprofessor in Zürich, engagiert.

Rückblickend war die Stimmung an der Universität Linz sicher anders als an anderen traditionellen Universitäten, alleine schon deswegen, weil unsere Uni gerade einmal acht Jahre alt war, als ich zu studieren begann. Durch die damals noch überschaubare Anzahl an Studenten ergab sich eine ideale Betreuungsrelation zu Professoren und Assistenten. Die heutige STEOP (Studieneingangs- und Orientierungsphase) brauchten wir damals nicht, weil uns unsere Professoren, etwa Marianne Meinhart, die den Lehrstuhl für Römisches Recht innehatte, im Kolloquium einzeln auf unsere Fähigkeiten und

Neigungen, Jurist zu werden, abklopfte. Unregelmäßige Vorlesungsbesuche wurden minimiert, indem gefährdete Personen zu Digestenträgern, Skriptenverteilern oder Verantwortlichen für sonstige Hilfsdienste »ernannt« wurden. Große ideologische Auseinandersetzungen gab es in Linz nicht, genauso wenig war Linz mit der Aufarbeitung der NS-Vergangenheit, wie es etwa an der Uni Wien passierte, belastet. Aber natürlich gab es Professoren, die von anderen Universitäten nach Linz berufen worden waren und die mit den neuen demokratischen Verhältnissen, die das UOG 1975 geschaffen hatte, auch ihre Probleme hatten.

Ich hatte also zum zweiten Mal in meinem Leben das Glück, in einer frischen, offenen, gerade im Aufbau befindlichen Bildungsinstitution zu landen, zum ersten Mal am Gymnasium Rohrbach und später an der Uni Linz. Das war prägend, weil ich an beiden Orten in keiner Weise ideologisch oder parteimäßig indoktriniert wurde. Beide Orte öffneten mich ein Stück weit für die Welt, sie erweiterten meinen Horizont und versorgten mich mit neuen Perspektiven. Was mein Vater sich selbst aneignen hatte müssen, bekam ich an der Universität serviert. Wenn man interessiert war, konnte man wirklich spannende Persönlichkeiten kennenlernen und tolle Vorträge hören, und man konnte sich für Stipendien bewerben. Wissen und Erfahrung zu sammeln, war damals noch keine Frage des richtigen Mausklicks und kostenlosen Internetzugangs, sondern man musste an reale Orte, um reale Menschen zu treffen.

Die Studentenverbindungen und -verbände waren wichtige Plattformen. So hatte ich die Gelegenheit, den berühmten Theologen und Papstkritiker Hans Küng persönlich kennenzulernen, oder den Nationalökonomen Clemens August Andreae, oder den Kommunikationswissenschafter Paul Watzlawick.

Mit solchen Persönlichkeiten diskutieren zu dürfen, im direkten Austausch, war für mich ein großes Privileg.

Auch nach Alpbach kam ich auf diese Weise sehr bald. Das Land Oberösterreich vergab damals schon Stipendien für das Forum Alpbach, aber anders als heute war das damals noch nicht so gefragt. Im Grunde waren die Veranstalter froh, wenn sich überhaupt jemand meldete. Ich meldete mich und erlebte in Alpbach Denker wie die Philosophen Sir Karl Popper oder Ralf Dahrendorf aus nächster Nähe. Ich erinnere mich auch gut an den damaligen Finanzminister Hannes Androsch, als Sozialist für mich eine herausfordernde, gegnerische Figur, der sich dort in Lederhose und völlig entspannt auf der Straße den Studenten stellte und hierarchiefrei mit uns diskutierte.

Als es nach elf Semestern ans Jobsuchen ging, gab es für mich mehrere Angebote. Ich hätte eigentlich auch schon während des Studiums anfangen können zu arbeiten, mich aber dagegen entschieden. Natürlich hatte ich immer nebenbei gejobbt, weil mein Stipendium zwar den Lebensunterhalt abdeckte, aber eben auch nicht mehr. Ich hatte Flaschen in der Zollfreizone etikettiert, das Lager der Tageszeitung *Volksblatt* ausgeräumt und auch sonst immer wieder Gelegenheitsjobs angenommen. Einer dieser Jobs hätte mich fast in den Journalismus gebracht. Ich zählte für die oberösterreichische *Kronen Zeitung* Stimmen bei der Wahl zum beliebtesten Fußballer. Das Blatt wollte damals für den sogenannten »Unterhaus Fußballbereich«, das ist die Landesliga und alles darunter, ein eigenes Berichterstattungssystem aufbauen. Damals war das eine durchaus aufwändige Aufgabe, wir lebten ja noch in analogen Zeiten. Mir wurde angeboten, dieses »Unterhaus Fußball« für die *Krone* aufzubauen, da ich jedoch noch eine große Prüfung im Jus-Studium vor mir hatte, lehnte ich ab. Dabei hätte mich Sportjournalismus immer interessiert. Ich hatte schon für die

Mühlviertler Rundschau die Sportberichte unserer Mannschaft geschrieben.

Die Gefahr, mich zu verzetteln, nähme ich schon während meines Studiums einen Vollzeitjob an, war mir schlicht zu groß. Das hatten mir einige meiner Kollegen vorgelebt. Und nachdem die Aussichten auf einem Job nach Beendigung des Studiums nicht schlecht waren, gab es auch keinen Grund dazu für mich. Mit meinem Abschlusszeugnis in der Hand hätte ich dann sofort bei Raiffeisen anfangen können, ich hatte auch Angebote von einigen Anwälten, als Konzipient in ihren Kanzleien anzufangen, schließlich wurde es dann aber die Wirtschaftskammer Österreich in Linz. Auch da hatte der Zufall mitgespielt. Ludwig Scharinger, damals unser Verbindungschef, rief mich, vermittelt von der örtlichen Gendarmerie, ausgerechnet am Tag meiner Promotionsfeier im Mai 1980 im örtlichen Gasthaus Dollhäubl, vulgo Ziegelstadel, an und erzählte mir, dass der kommende Präsident der Wirtschaftskammer Oberösterreich, Rudolf Trauner senior, einen neuen Sekretär suchen würde. Ich solle mich gleich morgen vorstellen kommen. »Aber zieh dich ordentlich an und geh sicherheitshalber vorher noch zum Friseur!«, sagte er noch. Ich hatte damals immer noch kinnlange Haare.

Trauner war damals ÖVP-Landesrat und eine sehr bekannte Person in Oberösterreich mit gutem Image, ein echter Macher. Er hatte als Buchhalter begonnen, sich im Verlagsgeschäft hochgearbeitet und einen eigenen Verlag gegründet, den Trauner Verlag, der später auch Universitätsverlag wurde. Zusätzlich war er Präsident des LASK, was mir am meisten an ihm imponierte. Die Kammer an sich war damals für mich nicht so attraktiv, sie wirkte verstaubt und altmodisch auf mich. Jedoch Trauner als Person interessierte mich. Die Haare ließ ich mir trotz des gut gemeinten Rats von Scharinger nicht schneiden. Genommen wurde ich trotzdem. Ich kam in überschwänglicher Stimmung zum Vorstellungsgespräch, noch angeregt von meiner Promotionsfeier, und parlierte locker über Fußball, Politik und mein Studium. Scharinger hatte mir vorher noch eingeschärft, ja nicht über Gehaltsfragen zu reden. Damit entsprach ich offenbar genau dem Mitarbeiterprofil, das Trauner suchte. Er wollte einen unerschrockenen, offenen Mitarbeiter, der nicht der Hierarchie oder der Organisation verpflichtet war, oder einer Person dort. Er wollte jemanden, der ihm absolut loyal zuarbeitete und nicht einer anderen Person Bericht erstattete.

Trauner war ziemlich schnell im Denken, in der Analyse und in den Entscheidungen, er bezog mich jedoch regelmäßig mit ein. Die Gelegenheiten dafür boten oft Autofahrten auf dem Weg zu einem seiner vielen Termine. Hier konnten wir ungestört unter vier Augen sprechen, oder unter sechs, wenn man den Chauffeur dazuzählte. Niemals hätte er es zugelassen, dass ich ihm in der Öffentlichkeit widersprochen oder etwas ergänzt hätte, er war ausgesprochen autoritär. Aber unter vier Augen konnte ich ihm alles sagen, und er hörte geduldig zu. Das war mir eine wichtige Lehre. Leider habe ich diese Tugend später nicht überall wiedergefunden.

DAS HANDWERK DER POLITIK

Wirtschaftskammer Oberösterreich – New Public Management als Lebensthema – Politik als Beruf

> Es gibt zwei Arten, aus der Politik einen Beruf zu machen. Entweder: man lebt für die Politik – oder aber: von der Politik.
>
> MAX WEBER

Dass ich meine berufliche Tätigkeit in der oberösterreichischen Wirtschaftskammer begonnen habe und nicht klassisch in der Partei oder einer ihrer Vorfeldorganisationen wie dem Wirtschaftsbund, hat gute Gründe. Ich dachte nicht wirklich an eine politische Karriere. Dafür hätte ich mich in der Landespartei engagieren müssen, in der Parteizentrale im »Gleißner-Haus«. Wer nicht dort gearbeitet, wer nicht dort dazugehört hatte, hatte kaum eine Chance. Die klassische 08/15-Parteikarriere war nicht meines. In der Wirtschaftskammer fand ich ein Umfeld vor, das mir mehr lag. Mit einem Präsidenten, der mich schätzte, mit einem Mentor – dem späteren Kammerdirektor Alfred J. Waldbauer –, der mich förderte und forderte, und mit einer Organisation, die eine Vielfalt an Themen und Politikfeldern bearbeitete, die meinen Interessen entgegenkamen. Gleichzeitig war die Wirtschaftskammer eine Organisation, die reformbedürftig war, was man durchaus auch in der Führung erkannt hatte und was mich besonders reizte.

In meinen zwölf Jahren in der Wirtschaftskammer Oberösterreich entwickelte und festigte ich mein politisches Grundverständnis. Aber ich musste auch wie jeder Akademiker in der Kammer die sogenannte Konzeptprüfung machen, obwohl ich nicht direkt in der Rechtsberatung tätig war. Die Konzeptprüfung umfasst die wichtigsten juristischen Materien wie Arbeits- und Steuerrecht, Volkswirtschaft und Gewerberecht und sie baut auf einem dreiwöchigen Basiskurs in Hernstein mit anschließender schriftlicher und mündlicher Prüfung auf. Das waren alles Kenntnisse, die mir auch eine sehr gute Grundlage für meine spätere politische Tätigkeit brachten.

Ich war aus heutiger Sicht relativ jung, erst 25 Jahre alt, als ich als Sekretär von Wirtschaftskammerpräsident Rudolf Trauner begann, und 37, als ich die Kammer verließ, um in Wien als Generalsekretär des Wirtschaftsbundes und später als Nationalratsabgeordneter für die ÖVP zu arbeiten und Politiker im klassischen Sinne zu werden. Für mich war die Wirtschaftskammer die eigentliche Hochschule für Wirtschaftspolitik gewesen.

In Frankreich gibt es eigene Institutionen, die *Grandes écoles*, an denen die wirtschaftspolitische Elite des Landes gebildet wird. Österreich kennt dieses System nicht, was zum einen gut ist, weil es den Weg in die Politik durchlässiger macht und ihn nicht nur Absolventen einer solchen Institution vorbehält. Zum anderen fehlen uns solche Institutionen, die Politik als Beruf mit gewissen handwerklichen Standards lehren und damit auch ein Mindestniveau an Professionalität im politischen Geschäft garantieren. Ein Blick in die Reihe gescheiterter Minister der letzten Jahrzehnte genügt, um zu sehen, wohin das führen kann. Quereinsteiger in die Politik merken bald, dass Politik kein Job ist, in dem das, was man schon kann, ident ist mit dem, was man als Politiker können muss.

Mein Jus-Studium, ergänzt durch die Konzeptprüfung der Kammer, war eine nützliche Basis, es machte mich mit den Gesetzen und Regelwerken unseres Staates vertraut und lehrte mich, mich Problemen und Fragestellungen mit dem juristischen Handwerkszeug zu nähern. Wer hat Recht? Wie wäge ich Interessen ab? Wie begründe ich meine Entscheidung? In der Studentenpolitik lernte ich zu argumentieren und Menschen in meine Überzeugungen einzubinden. Die Wirtschaftskammer später sensibilisierte mich nicht nur für die hohe Kunst des sozialpartnerschaftlichen Interessensausgleichs, hier entwickelte und ergab sich auch mein Lebensthema: Wie kann der Staat seine Arbeit für die Bürger verbessern? Wie schaut eine moderne Verwaltung aus? Wie mache ich Politik im Alltag greifbar und verständlich?

Denn was ist Politik am Ende? Politik ist nichts anderes als Informationsmanagement, also der Umgang, die Gewichtung und die Umsetzung von Informationen. Und die Möglichkeit, auf Basis dessen zu gestalten und zu bewegen. Aber bewegen kann man nur etwas, wenn man auch die Umstände kennt. Wenn man sich informiert, wenn man die handelnden Personen, die Funktionsweisen, die Zusammenhänge erkennt und aus der Vielzahl von Informationen die richtigen Schlüsse zieht. Das erfordert viel Zeit und Geduld. Daran scheitern dann Quereinsteiger zumeist, die aus Firmen kommen und glauben, sie hätten Managementerfahrung. Denn im Unterschied zu einer Firma gibt es im politischen System keine ganz klaren Strukturen und hierarchische Gegebenheiten. Es gibt keine Weisungsgebundenheit. Es gibt viele Subsysteme, die eigene Interessen haben, und all das muss man im Management berücksichtigen. Zudem muss man das Handwerk des Politikers auch in der Praxis erlernen, in einer Studentenvertretung oder im Vereinsleben etwa. Man kann nicht einfach aus dem Nichts heraus in die Politik gehen. Politik ist wie eine Matrix, und das ist auch gut so. Politiker, die schnelle, einfache Lösungen vorgeben, gaukeln dem Volk etwas vor.

Als der Sozialdemokrat Gerhard Schröder im Oktober 1998 Bundeskanzler wurde, war er zu Gast bei der damals sehr populären deutschen Fernsehshow »Wetten, dass …?« mit Thomas Gottschalk. Gottschalk erzählte von der mittlerweile berühmten Anekdote, dass Schröder schon als Kind an den Toren des Bundeskanzleramts gerüttelt und gesagt hätte, er wolle da hinein. Jetzt da er endlich drinnen sei, fragte Gottschalk, ob er als Wahlgewinner und Bundeskanzler nun endlich alles tun und erreichen könne, was er wolle? Schröders Antwort war ernüchternd. Mitnichten könne er das. Er hätte zwar das Kanzleramt und eine Mehrheit mit seiner Koalition im deutschen Bundestag, aber es gäbe da ja noch den politischen Gegner, andere Parteien, die Medien, bestimmte Interessenvertretungen – und letztendlich die eigene Partei. In einer pluralistischen Gesellschaft könne man nicht einfach anschaffen. Man könne nicht sagen »So ist es«, und morgen wäre es dann beschlossene Sache, sondern man müsse Überzeugungsarbeit leisten.

Alle Prozesse, also Änderungs-, Veränderungs- und Innovationsprozesse, funktionieren laut einer Expertise von Prof. Dr. Peter Schwarz von der Universität Freiburg in der Schweiz nur dann, wenn man die richtigen Promotoren hat. Demnach braucht es drei Promotoren in dieser politischen Matrix, damit sich etwas ändert oder eine Reform passiert. Erstens einen Machtpromotor, also eine Persönlichkeit, die irgendwo im System meistens ganz oben sitzt und einem Anliegen Rückendeckung gibt. Zweitens einen Sozialpromotor, der in einer Organisation wirken kann, auch dort, wo man als Nicht-Organisationsmitglied nicht hineinreicht. Und drittens einen Sachpromotor, der das Anliegen mit Zahlen, Daten und Fakten unterstützt, sich auskennt und seine Expertise einbringt.

Mein erster direkter Kontakt mit der Landespolitik kam über meinen Vorgesetzten Trauner. Nach seiner Tätigkeit als Landesrat war er Klubobmann im oberösterreichischen Landtag. Seine Fraktionsrede beim Budgetlandtag war immer streng geheim und minutiös vorbereitet. Ich hatte die Aufgabe, die mehrfach hektografierte Rede, kurz bevor der Auftritt geplant war, zu ihm in den Landtag zu bringen. Er wollte die Rede persönlich an Journalisten verteilen. Ich war das erste Mal im Landhaus und wollte direkt in den Sitzungssaal gehen. Ein strenger Ordner im grauen Anzug hielt mich jedoch zurück. »Zutritt nur für Abgeordnete!«, sagte er zu mir. Die Zeit drängte, Trauner blickte in seine Unterlage und nicht zur Glastür, wo ich stand. Da ging wieder so ein Ordner im grauen Anzug vorbei. Ich sagte forsch: »Bringen Sie diese Unterlagen zu Präsident Trauner, aber umgehend.« Der Ordner nickte und ging mit den Reden schnurstracks zu Trauner. Nach der gelungenen Rede kam Trauner aus dem Saal. »Sag einmal, wieso bringt mir ausgerechnet der Fritz Freyschlag (der damalige SP-Klubobmann und schärfste Gegner) meine Rede?« Ich wusste nun zumindest, wer der »Ordner« wirklich gewesen war. Der hatte die Szene natürlich gecheckt und es mit Humor genommen. Er war später übrigens der erste politische Gegner, der mir das Du-Wort anbot.

Eine andere Aufgabe als rechte Hand des Präsidenten Trauner und dann als Leiter des Marketings der Wirtschaftskammer Oberösterreich war es unter anderem, die Beziehungen zur Linzer Universität zu intensivieren und gemeinsame Projekte zu etablieren. Trauner hatte einen ambivalenten Bezug zu Akademikern. Er selber war ja keiner, sondern hatte sich vielmehr aus einfachen Verhältnissen hochgearbeitet. Zum einen hielt er wenig von Akademikern und deren Theorien, zum anderen wusste er, dass es für die Kammer wichtig wäre, sich mit der Universität zu vernetzen. Das war alles nicht ganz uneigennützig. Eines meiner ersten Projekte war es, Uni-Publikationen, die Wirtschaftsfragen beleuchteten, zu eruieren und gegebenenfalls zu fördern. Das kam dem Verleger Trauner natürlich nicht ungelegen, und infolgedessen wurde sein Verlag auch Universitätsverlag. Solche Vermischungen von beruflichen und privaten Interessen waren in den 1980er-Jahren kein Problem, heutzutage wäre das sicher ein Governance-Thema.

Durch diese Publikationsprojekte kam ich in Kontakt mit dem JKU-Professor Gerhard Reber, der Unternehmensführung lehrte und später, im Jahr 1989, die Linzer Management Akademie LIMAK mitbegründen sollte. Reber war es auch, der Ende der 1980er-Jahre das Global Executive MBA-Programm aus der Taufe hob und jahrelang das Studienaustauschprogramm zwischen der JKU und der Emory University, einer der besten amerikanischen Universitäten, betreute. Ähnlich wie für die Alpbacher Gespräche war es Mitte der 1980er-Jahre auch noch nicht so einfach, genügend Stipendiaten für Austauschsemester an amerikanischen Universitäten zu bekommen. Die Mobilität war eine ganz andere. Meine Aufgabe war es, Stipendiaten zu finden, die dann von der Kammer, ganz genau von der Bundeswirtschaftskammer in Wien, gefördert wurden. Das brachte eine Reihe von Töchtern und Söhnen aus der oberösterreichischen Universitäts- und Unternehmerszene in die USA.

Der Zufall wollte es, dass Rebers Frau damals als Übersetzerin vom Englischen ins Deutsche und umgekehrt arbeitete und gerade einen Wälzer von Philip Kotler in Arbeit hatte mit dem Titel *Marketing für Non-Profit-Organisationen*. Kotler ist ein amerikanischer Wirtschaftswissenschaftler und Professor für Marketing an der Kellogg School of Management der Northwestern University. Er gilt als Begründer der modernen Marketinglehre, die sich nicht mehr nur auf Verkäufe, Werbung und Einzelhandel fokussiert, sondern Marketing als ganzheitlichen Prozess versteht, in den wissenschaftliche Grundlagen der Mathematik, Volkswirtschaft, Sozialwissenschaft und Organisationstheorie einfließen. Reber empfahl mir das Buch für die Wirtschaftskammer, die damals mehr bürokratisches Amt als eine Kunden- oder gar Dienstleistungsorganisation war. Der Gedanke, dass die Kammer als Non-Profit-Organisation (NPO) Service und Leistungen bot und deswegen auch Strategie und Planung bräuchte, war in Österreich zumindest noch relativ neu.

Zur selben Zeit förderten wir dann zufällig auch eine wissenschaftliche Studie, die *Vom Krisenmanagement zum Chancenmanagement* hieß und vom damaligen JKU-Dozenten Dietrich Kropfberger verfasst worden war. Kropfberger wurde später Professor für angewandte Betriebswissenschaft an der Uni Klagenfurt. Er befasste sich mit dem Planungsverhalten von Klein- und Mittelbetrieben. Seine Analyse machte deutlich, dass der Einzelunternehmer glaubte, alles von der Finanzierung über Marktbeobachtung bis zur Werbung und Personalentscheidung im Kopf zu haben. Wenn er einmal mehr als zehn bis zwanzig Mitarbeiter hatte, hatte er das zumeist jedoch nicht mehr im Griff. Was ihm dann fehlte, war strategische Planung. Als wir das Buch präsentierten, kam es bei uns in der Wirtschaftskammer zu einer ähnlichen Debatte. Wie sah eigentlich unsere strategische Planung aus? Hatten wir überhaupt eine? Waren wir ein Amt oder ein Kundenzentrum?

Mein Glück war, dass dieses Thema beim Kammeramtsdirektor, der ja der oberste Chef der Mitarbeiter ist, während der Präsident die Organisation nach außen repräsentiert, auf offene Ohren stieß. Er wurde für mich und das Reformteam der oben erwähnte Machtpromotor für einen Reorganisationsprozess, der 1988 begann und zu so etwas wie meiner Meisterprüfung in der Wirtschaftskammer wurde. Noch heute existiert das mittlerweile erweiterte Kundenzentrum, das wir damals im Foyer nach einer Handskizze von mir mit Hilfe eines Architekten gebaut haben. Ein solches einzurichten, war eine Idee des Marketing-Papsts an der Uni in Linz, Ernest Kulhavy, gewesen. Es löste das alte Foyer ab, das mehr oder weniger ein leerer Raum gewesen war, den man durchqueren musste, um zu den Fachreferenten und Sekretären in den oberen Stockwerken zu gelangen. Das Institut von Kulhavy verfasste auch die von der WKO in Wien nicht besonders gern gesehene Exportstudie für Oberösterreich. Export war ausschließlich Bundeskompetenz. Der damalige Assistent von Kulhavy, der an der Studie mitgearbeitet und mit mir die Presseunterlage vorbereitet hatte, hieß übrigens Hans Jörg Schelling. Er war später Finanzminister.

In den Bezirksstellen der Wirtschaftskammer war das übrigens nicht anders. Auch dort gab es Foyers, die maximal als Ausstellungsraum oder für Garderobe genutzt wurden, darüber befanden sich die Wohnung des Bezirksstellensekretärs und die Büroräume. Wir krempelten das komplett um. Dabei ging es natürlich nicht nur um eine neue Raumaufteilung, sondern auch um die Funktionen dahinter. Mein neuer Aufgabenbereich als Abteilungsleiter für Koordination und Marketing kam ebenfalls einer kleinen Revolution gleich. Das war die erste Einrichtung, die Marketing nicht bloß als Werbung, sondern auch als Querschnittsmaterie verstand. Alle Abteilungen mussten planen, was sie an Veranstaltungen und Mitgliederaktivitäten im Jahr vorhatten. Da gab es nichts Zufälliges mehr. Wir führten auch ein Controllingsystem ein. Nicht *Kontrolle* im Sinne von Rechnungswesen, sondern *Controlle* mit C – im Sinne von Steuerung und Innovation. Aus heutiger Sicht klingt das alles nicht wahnsinnig aufregend oder dramatisch, damals war es neu und fast revolutionär.

Wir ließen uns nicht nur wissenschaftlich begleiten, wir etablierten auch einen intensiven Kontakt zur Universität Freiburg in der Schweiz, die damals einen Managementlehrgang für Non-Profit-Verbände anbot. Ab 1988 belegte Jahr für Jahr – und zwar bis heute – eine potentielle oder aktive Führungskraft der Kammer diesen Lehrgang. Ich war der dritte, der diese Zusatzausbildung absolvieren durfte, die ersten beiden waren Kammerdirektor Alfred J. Waldbauer und sein späterer Nachfolger Christian Hofer. Da war ich also im Jahr 1990, 35 Jahre alt, bereits Abteilungsleiter und Absolvent des Lehrgangs in Freiburg. Meine Karriere in der Kammer wäre damit eigentlich vorgezeichnet gewesen. Ich hätte vermutlich Kammerdirektor werden können.

Die Universität Freiburg hatte übrigens bei meinem, also dem dritten, Lehrgang schon eine Evaluierung desselben gemacht, bei der man feststellte, dass sechzig Prozent der Absolventen sich nach Abschluss dieser Ausbildung innerhalb eines Jahres beruflich veränderten und etwas anderes machten als zuvor. Bei mir sollte es nicht anders sein. Allerdings dauerte es bis dahin nicht nur ein, sondern zwei Jahre.

Dass die Oberösterreicher drauf und dran waren, etwas Innovatives, was die geplante Mitglieder- und Kundenorientierung anging, in die Wege zu leiten, hatte sich innerhalb der Wirtschaftskammer und auch des Wirtschaftsbundes recht bald herumgesprochen. Es gab daher 1990 in der Wirtschaftskammerzentrale in Wien einen Vortrag eines deutschen Marketingexperten mit anschließender Diskussion im Julius Raab-Saal, bei dem ich im Publikum saß. Damals fiel ich auch dem damaligen Obmann der Sparte Industrie, Engelbert Wenckheim, Chef der Brauerei Ottakringer, auf. Der Ton bei dieser Veranstaltung war noch sehr hierarchisch. Als ich mich nach den Vorträgen als Erster zur Debatte meldete, wurde ich vom damaligen Generalsekretär der Wirtschaftskammer, Karl Kehrer, zurückgepfiffen. »Mitterlehner, zuerst die Funktionäre, dann du!« Wenckheim sprang auf und ergriff für mich Partei. Er meinte sinngemäß, dass wir uns hier ja nicht im Stalinismus befänden, und wollte wissen, weshalb man einem jungen Mitarbeiter, der die Courage hatte, etwas einzubringen, das Wortrecht verweigerte? Daraufhin konnte ich dann sprechen.

Wenckheim war als Koordinator für einen Reformprozess in der Wirtschaftskammer nominiert worden, und die Kammer Oberösterreich hatte wiederum mich, der ich damals schon vom neuen Präsidenten Kurt Kaun bestellt worden war, in diese Reformgruppe geschickt. Mit einem Schlag lernte ich so die wichtigsten Akteure und Meinungsmacher innerhalb der österreichischen Wirtschaft und die jeweiligen Präsidenten aus den anderen Bundesländern kennen. Das war eine entscheidende Erweiterung meines Netzwerkes, das für mich später, in meiner Zeit als Nationalratsabgeordneter und dann als Wirtschaftsminister, von unschätzbarem Wert war. Begleitet wurden wir bei unseren Reformen von der renommierten Beratergruppe Neuwaldegg. Als wir unsere Ergebnisse dem damaligen obersten Kammerpräsidenten Leopold Maderthaner präsentieren sollten, fiel die Wahl sehr spontan auf mich als Vortragenden. Ich kann nicht sagen, dass sich Maderthaner besonders für meine Charts und Grafiken interessiert hätte, aber als ich auf die bevorstehenden Wirtschaftskammerwahlen zu sprechen kam, war er mit einem Mal sehr interessiert. Maderthaner war ein Machtpolitiker durch und durch und er erkannte sofort, dass ihm ein Reformerimage bei der nächsten Wahl politisch nutzen konnte. Wie später offenkundig wurde, merkte er sich mein Gesicht und meinen Namen.

Im Anschluss an eine der nächsten Arbeitskreissitzungen im Oktober 1992 wurde ich nämlich in Maderthaners Büro im zehnten Stock der Wirtschaftskammerzentrale im vierten

Wiener Gemeindebezirk bestellt, einen gesichtslosen, funktionalen Bau mit dem Charme der 1960er-Jahre. Maderthaners Pressechef Helmut Voska, einst ein legendärer *Profil*-Journalist, dann ein nicht minder legendärer Leiter der Presseabteilung und Permanenzberater des Präsidenten, flüsterte mir im Vorzimmer zu: »Net glei na sagen.«

Nicht gleich nein sagen? Ich hatte erst zwei Wochen zuvor, am 10. Oktober, meine Frau Anna Maria (Annette) geheiratet, also ja gesagt. Unsere Tochter Elisabeth war gerade einmal ein Jahr alt. Annette und ich waren uns auf einer Reise nach Prag im Jahr 1986 nähergekommen. Wir kannten einander seit unserer Kindheit, da Annette wie ich aus einer eingesessenen, großen Familie in Helfenberg stammt. Ihre Eltern führten das erste Wirtshaus im Ort, in dem auch regelmäßig Tarockturniere stattfanden. Nun gehört es meinem Schwager Peter Haudum. Annette ist vier Jahre jünger als ich, sie ist mir schon als Jugendliche aufgefallen und umgekehrt war es wahrscheinlich genauso, immerhin war ich ja oft zu Gast in dem Wirtshaus, gefunkt hat es allerdings erst auf der Reise.

Maderthaner bot mir die Funktion des Generalsekretärs des Wirtschaftsbundes an. Vor mir hatten zwölf Kandidaten abgesagt, beziehungsweise hatte sie Maderthaner im Präsidium nicht durchgebracht. Deshalb hatte mich Voska wohl auch aufgefordert, nicht gleich nein zu sagen. In den Medien wurde damals kolportiert, dass Maderthaner vor der Ablösung stehen würde. Die Funktion, die ich bekleiden sollte, war also keineswegs als ein Jackpot zu werten, sie war vielmehr ein Hochrisikokommando. Darüber hinaus brachte sie mich, der ich bislang nur in Experten- und Fachkreisen unterwegs gewesen war, erstmals in eine exponierte parteipolitische Position, und zwar als Quasi-Geschäftsführer des Wirtschaftsbundes, einer der mächtigsten Teilorganisationen der ÖVP, nämlich ihres Unternehmerflügels.

Ich erbat mir einen Tag Bedenkzeit, um mit meiner Frau zu sprechen. Am Abend desselben Tages beriet ich mich mit Annette, die wenig begeistert war, und am Vormittag des nächsten Tages mit dem neuen oberösterreichischen Kammerpräsidenten Kaun, dem Nachfolger Trauners, der auch nicht glücklich darüber zu sein schien, mich gleich nach Wien abgeben zu müssen. Während wir uns unterhielten, hörten wir das Ö1-Mittagsjournal, in dem meine Bestellung als *Fait accompli* bereits von Maderthaner bei der ÖVP-Parlamentsklubklausur in Villach verkündet wurde. Nicht nur ich war verblüfft, auch die Öffentlichkeit war es. »Reinhold who?« lautete der Titel des Porträts, das Sandra Fahmy im Wirtschaftsmagazin *Trend* im Dezember über mich geschrieben hatte. In der breiten Öffentlichkeit war ich tatsächlich ein No-Name, in eingeweihten Kreisen war dem jedoch nicht so: Sämtliche Spitzenfunktionäre kannten mich aus den Sitzungen der Reformgruppe und sie brachten mir auch ein Grundvertrauen entgegen. Obwohl Maderthaner intern mit kaum jemandem im Präsidium vorher gesprochen hatte, wurde ich am 5. November 1992 einstimmig im Präsidium des Wirtschaftsbundes bestellt. Das war zweifelsohne ein Schlüsselmoment für mich, denn nun war ich in Wien.

In Wahrheit war damals in gewissem Sinne über mich hinweg entschieden worden, trotzdem war ich nicht unglücklich darüber, weil ich mich sonst, hätte ich abgelehnt, ein Leben lang mit dem Gedanken beschäftigt hätte: Was wäre gewesen, wenn ich den Job damals sofort angenommen hätte?

DAS WIENER PARKETT

Von Linz nach Wien - Generalsekretär im Wirtschaftsbund - Positionierung und Erfolge als Parlamentarier

In der Politik liegen das »Hosianah«
und das »Crucifige« sehr nah beieinander.

JULIUS RAAB

Als ich im Jahr 1992 nach Wien kam, damit auch auf dem
bundespolitischen Parkett auftrat und am Radar der breiteren
österreichischen Öffentlichkeit auftauchte, war ich ein Unbe-
kannter. »Reinhold who?« In dem *Trend*-Artikel von Sandra
Fahmy wurde der bisherige Generalsekretär des Wirtschaftsbundes, mein Vorgänger Hannes Ditz, mit folgender Aussage
zitiert: »Untergekommen ist er mir noch nie.« Das war alles
andere als freundlich und kein einfacher Einstieg für mich.
Andererseits kannte ich diese Rolle auch schon aus meiner
Zeit in der oberösterreichischen Wirtschaftskammer. Auch da
war ich der Unbekannte von außen gewesen, den sich der
Präsident höchstpersönlich ausgesucht hatte.

Anders als in Linz hatte ich in Wien beim Wirtschaftsbund
und in der Wirtschaftskammer kaum Promotoren, einige in der
Kammer beäugten mich sogar misstrauisch. Nur zu Helmut
Voska entwickelte sich umgehend eine echte Freundschaft. Er
stand mir mit Rat und Tat zur Seite. Der Wirtschaftsbund war
noch dazu personell schwach besetzt, die guten Leute wie
etwa Stefan Koren waren Referenten bei Ditz, damals Staats-

73

sekretär im Bundesministerium für Finanzen, oder bei Wolfgang Schüssel im Wirtschaftsministerium. Der damalige Präsident der oberösterreichischen Industriellenvereinigung Peter Mitterbauer half mir, sodass ich über den Personalchef der Industriellenvereinigung, Christian Domany, zumindest zwei Trainees als Mitarbeiter bekam.

Wenn ich Erfolg haben wollte, musste ich mein eigenes Profil entwickeln, mit guten Ideen auffallen und da und dort sogar provozieren. Es funktionierte. War ich im Jahr 1993 in einer *Profil*-Story noch als politisches Fliegengewicht bezeichnet worden, glänzte ich im Jahr 1998 schon auf der Titelseite des *Profil*, und zwar in einer Reihe von Menschen, die in diesem Jahr wichtig werden würden, und 1999 erschien in der *Neuen Zürcher Zeitung* sogar ein Porträt von mir, und das können nicht viele Politiker in der Kategorie Bündemanager über sich sagen.

Fast ein Jahrzehnt später, im Jahr 2007, gab ich der Wiener Wochenzeitung *Falter* ein Interview, das in meiner Partei für ziemliches Aufsehen sorgte. Damals war ich schon Abgeordneter und stellvertretender Generalsekretär der Wirtschaftskammer – und, wie man irgendwo geschrieben hatte, eine »Zukunftshoffnung«. »Ich mache mich nicht beliebt« lautete die Titelzeile, und das stimmte auch. Bildung, Einwanderungs- und Familienpolitik, in diesen drei wichtigen gesellschaftspolitischen Feldern hielt ich der ÖVP einen Spiegel vor. Sie sei nicht auf der Höhe der Zeit, nicht offen für alternative Argumente, und wenn man sie als Parteimitglied vorbrächte, würde man nur blockiert, war mehr oder weniger mein Urteil. In den eineinhalb Jahrzehnten als Generalsekretär im Wirtschaftsbund und als stellvertretender Generalsekretär in der Wirtschaftskammer und als ÖVP-Abgeordneter im Parlament war ich mir immer treu geblieben und habe mir meinen eigenen Kopf behalten. Tatsächlich war ich in zentralen gesellschaftspolitischen Fragen – etwa in der Schulpolitik, der Pensionsreform, der Einwanderungs- und Integrations-, aber auch der Familienpolitik – etwas liberaler eingestellt, als es der Partei oft angenehm war. Aus heutiger Sicht würde ich sagen, dass ich mich ganz einfach in der politischen Mitte befand. Dass ich dabei manchmal wie ein Kritiker gewirkt habe, hat weniger mit mir als mit der Positionierung der damaligen ÖVP zu tun. Sie wirkte in gesellschaftspolitischen Fragen eher eingefroren, kultivierte in der Familienpolitik die Erziehung der Kinder als Aufgabe, die fast ausschließlich in der Familie zu leisten wäre, und hatte auch mit der Gleichberechtigung für Gleichgeschlechtliche in Ehe und Familie permanent Probleme. Vieles, was ich damals anregte, etwa eine progressivere Familienpolitik mit einem einkommensabhängigen Kindergeld oder die steuerlichen Absetzbarkeit von Kinderbetreuungskosten, wurde in den Jahren danach beispielsweise von der deutschen CDU unter Angela Merkel und ihrer damaligen Familienministerin Ursula von der Leyen debattiert und reformiert und erst später auch in Österreich, zum Teil sogar unter meiner Ägide als Familienminister, realisiert.

»Mitterlehner ist einer der wenigen Konservativen, der Diskussionen anregt. Egal ob Zuwanderung, Frauenpolitik oder Gesamtschule – der schwarze Wirtschaftsflügel scherte immer öfter von der offiziellen Parteilinie aus und ging mit der Industriellenvereinigung, der SPÖ und den Grünen eine Sachkoalition ein«, schrieb der *Falter* im Jahr 2007 über mich. »Gemeinsam trat man für eine geregelte Zuwanderung und für eine Arbeitserlaubnis für Asylwerber ein, für eine stärkere Flexibilisierung des Kindergeldes, gegen das von der ÖVP propagierte Familiensplitting und für eine offene Debatte über eine Gesamtschule.«

Vor allem bei der Schuldebatte lehnte ich mich weit hinaus. Damals schnitt Österreich bei dem internationalen, von der OECD seit dem Jahr 2000 alle drei Jahre durchgeführten Bildungstest Pisa sehr schlecht ab. »Der Pisa-Befund ist klar. Im

Vergleich mit anderen Nationen haben wir Nachteile im primären Sektor, wir haben eine zu geringe Durchlässigkeit zwischen den Systemen und gesellschaftlichen Schichten und zu wenig Abschlüsse im tertiären Sektor. All das kann man nicht dadurch ignorieren, in dem man sagt, der Pisa-Test sei nicht aussagekräftig für unser System. Das ist eine typisch österreichische Eigenschaft, nicht auf den Inhalt der Botschaft zu hören, sondern den Boten zu kritisieren«, sagte ich zum *Falter*. Warum das alles so schwierig sei? »In Wirklichkeit muss man liebgewordene Einstellungen und Organisationsformen einer Überprüfung unterziehen. Bei der Schulproblematik spielen so simple Dinge mit hinein, wie dass Mittelschullehrer ihren über Jahrzehnte, wenn nicht Jahrhunderte gewachsenen Status nicht verlieren wollen.« Auf die Frage, ob es unter diesen Bedingungen förderlich sei, dass für die ÖVP der damalige oberste Lehrergewerkschafter Fritz Neugebauer, ein für seine Beharrlichkeit berühmter Mann, die Verhandlungen zur Umsetzung der Gesamtschulversuche führe, antwortete ich:»Entscheidend ist, dass man unbefangen herangeht und nicht von vornherein ein mögliches Ergebnis blockiert. Dieser Eindruck entsteht aber, wenn man nicht einmal die Versuche zulassen will.« Gerade mit Neugebauer habe ich mich in der Folge durchaus gut verstanden. Kaum einer konnte Politik und ihre Wendungen so gut lesen und einschätzen wie er.

Die Gesamtschule gibt es übrigens bis heute nicht. »Offenbar gibt es immer noch uralte Vorbehalte und Ängste, nach dem Motto: Gesamtschule ist gleich Nivellierung nach unten«, ärgerte ich mich damals schon. Am Ende des *Falter*-Interviews plädierte ich dann auch noch dafür, endlich offen auszusprechen, dass Österreich ein Einwanderungsland sei. »Wir waren, historisch gesehen, immer ein Einwanderungsland. Wir haben von den Zuwanderern immer profitiert. Man darf die Vorbehalte und Ängste der Menschen, die noch dazu entsprechend parteipolitisch gepflegt werden, aber nicht ignorieren. Deshalb ist es wichtig, mehr über Integration zu reden und sie zu leben.«

Viel mehr habe ich nicht gebraucht. Solche Sätze waren in der ÖVP damals noch tabu, und ich war der Zeit um mehr ein halbes Jahrzehnt voraus. Auch wenn es der Partei gar nicht passte, dass ich bei einer Diskussion in Salzburg sagte: »Wir haben einen Vertriebenensprecher für Sudetendeutsche und andere, aber keinen Integrationssprecher«, reagierte man. Es gab bald einen solchen, und der damalige VP-Innenminister Günther Platter wurde beauftragt, ein integrationspolitisches Konzept zu erstellen.

»Pass auf, wenn du nach Wien gehst. Schau, dass du immer vor elf zu Hause bist und trinke nie mehr als zwei Glas Wein«, riet mir ein erfahrener Wien-Kenner aus Oberösterreich, als ich im Jahr 1992 etwas überhastet für meinen neuen Job im Wirtschaftsbund in die Bundeshauptstadt zog. Insgesamt gab er mir zehn Regeln mit. Zum Beispiel: »Nach elf am Abend bist du bei Veranstaltungen überhaupt weg, denn dann triffst du nur noch Besoffene und Intriganten.« Oder: »Du trägst immer einfärbige Hemden, entweder weiß, oder bei Fernseh-interviews blau, dieses karierte [das ich gerade an hatte] brauchst du nicht mehr.« Oder: »Du gehst zur Wenzel-Jelinek fotografieren, die hat den Mock fotografiert und nimmt dich mir zu Liebe auch.« Mein Ratgeber sprach von der Fotografin und Künstlerin Margret Wenzel-Jelinek und natürlich von Alois Mock, den ÖVP-Chef und Außenminister. Es handelte sich bei ihm übrigens um den nicht unumstrittenen Leopold Helbich, seine Ratschläge damals waren jedoch sehr hilfreich für mich. Anfangs war es nämlich für meine Frau Annette und mich nicht ganz einfach in Wien. Annette hatte in der Sparkasse im Nachbarort Haslach gearbeitet, in Wien war sie nun mit unserer ersten Tochter Elisabeth allein zu Hause und musste sich ihr Netzwerk an Kontakten und Freundschaften erst aufbauen. Eine Betreuung für Kinder, die unter drei Jahre alt waren, war selbst in Wien Anfang der 1990er-Jahre nicht so einfach zu organisieren, daher entschieden wir uns für die ersten Jahre bewusst für eine klassische Rollenverteilung. Das bedeutete, dass sich Annette in Wien um unsere Familie, die bald auch größer wurde – im Jahr 1997 kam unsere zweite Tochter Stefanie zur Welt –, kümmerte. Die Sommerferien und viele Wochenenden verbrachte meine Frau mit den Kindern in Oberösterreich, ich pendelte. Trotz schwieriger Umstände konnten wir jährlich eine gemeinsame Erlebnis- und Kulturreise mit Freunden zum Beispiel nach Ägypten, Jordanien oder die Türkei einplanen.

Generell ist das politische Geschäft nicht familienfreundlich, dabei sollte es das sein. Nur so werden wir es in Zukunft schaffen, dass sich junge Menschen, Männer wie Frauen, den Herausforderungen dieses Jobs stellen. Rückblickend wüsste ich nicht, wie Annette und ich das damals anders hätten organisieren können. Als Elisabeth und Stefanie aus dem Gröbsten heraus waren, fing Annette wieder zu arbeiten an und sie engagierte sich auch zivilgesellschaftlich. Elisabeth hat ihr Jus-Studium inzwischen vor ein paar Jahren abgeschlossen und arbeitet in einer NGO in der Rechtsberatung. Stefanie studiert und macht das Lehramt für die Fächer Sport und Italienisch.

In Wien war ich ein Newcomer, einer, den man noch nicht einschätzen konnte. Mit meinem Profil als Wirtschaftsexperte und Sozialpartner und meiner bisherigen Vita war jedoch klar, dass ich in der Bundespolitik meinen Platz finden würde. Das machte mich natürlich für manche auch zur Bedrohung. Dazu kam, dass ich ein durchaus passables Auftreten hatte, und das Glück, auch im Fernsehen und Radio gut rüberzukommen. Meine Funktion als Wirtschaftsbundgeneralsekretär galt damals schon als Sprungbrett in die höhere Politik. Erhard Busek,

Wolfgang Schüssel, Hannes Ditz, sie alle waren ehemalige Wirtschaftsbundgeneralsekretäre. Mit einem Wort: Ich wurde von den Medien schnell als eine Nachwuchshoffnung der ÖVP gehandelt.

Mit Hannes Ditz, meinem Vorgänger als Generalsekretär des Wirtschaftsbundes, fand ich übrigens schnell ein gutes Einvernehmen. Etwas differenzierter war stets mein Verhältnis zu Wolfgang Schüssel. Dieses wurde in den Medien ja immer als schlecht und belastet dargestellt. Das stimmte jedoch so nicht. Schüssel war für mich durchaus ein Vorbild, und ich hatte ihn schon Jahre zuvor als Senior unserer Studentenverbindung zu einem Vortrag an die Uni Linz zum Thema *Mehr Privat als Staat* eingeladen. Als ich nach Wien kam, war Schüssel bereits Wirtschaftsminister und damit für mich als Wirtschaftsbündler ein ganz wichtiger Ansprechpartner. Als er bemerkte, dass ich nicht in die Entscheidungen eingebunden war und gewissermaßen inhaltlich verhungerte, schlug er mich als Teilnehmer am sogenannten Präsidenten Jour fixe vor. Zu den Teilnehmern an diesem Jour fixe zählten der Präsident der Wirtschaftskammer Leopold Maderthaner und sein damals ebenfalls neuer Generalsekretär Günter Stummvoll, der Staatssekretär für Finanzen Hannes Ditz und eben Schüssel selbst. Und nun auch ich. So war ich immer sehr gut informiert und wurde auch zu Schüssel-Büroklausuren eingeladen, die sehr intensiv sein konnten und zu denen er sich immer wieder spannende Persönlichkeiten von außen holte. Ich nahm auch an den Weihnachtsfeiern des Büro Schüssel teil, und wenn er in der Nähe meines Büros in der Mozartgasse zu tun hatte, schaute er gelegentlich vorbei. Manchmal gingen wir dann zu unserem Lieblingsitaliener am Mozartplatz Mittagessen.

In meinen ersten Jahren im Wirtschaftsbund war ich natürlich noch ein politisches Leichtgewicht. Ich repräsentierte, organisierte, managte, aber politische Entscheidungsmacht hatte ich keine, geschweige denn ein Mandat. Von wegen: »Rutsch nicht auf dem glatten Wiener Parkett aus!« Dazu gab es anfangs überhaupt keine Gelegenheit, weil ich, politisch gesehen, nicht einmal zum Tanzen gekommen bin. Meine Aufgabe beschränkte sich damals auf eine rein auf die Geschäftsstelle reduzierte Aufbau- und Organisationsarbeit. Auf Dauer hätte mich das nicht sehr befriedigt. Daher fing ich sukzessive an, mich mit politischen Themen zu positionieren, auch im Wissen, dass das nicht immer allen gefallen würde, vor allem, wenn man dabei in die Interessens- und Machtsphäre der anderen Spieler auf besagtem Wiener Parkett kommen würde. Trotz allem war mir sehr bald klar: Ich brauchte ein Mandat. Letztlich ist ein Generalsekretär ohne Mandat ohne jede Durchschlagskraft.

Ein Mandat zu bekommen, also Abgeordneter zu werden, ist natürlich nicht so einfach, wenn man zwischen Wien und Linz pendelt. Ich hatte folgendes Problem: Die Wiener sagten: »Geh nach Oberösterreich, die müssen dich dort auf der Wahlkreis- oder Landesliste aufstellen.« Und die Oberösterreicher sagten: »Du bist ja jetzt in Wien tätig, schau, dass du in Wien auf der Bundesliste unterkommst.« Bildlich gesprochen, bin ich in der Mitte, nämlich in St. Pölten, sitzen geblieben. Ich war weder dort noch da zugehörig. Ich war zwar seit 1991 Mitglied des Gemeinderates meiner Heimatgemeinde Ahorn, aber ich hatte keine Zeit, in Oberösterreich Basisarbeit zu machen. In Wien gab es natürlich sehr viele, die sich darum bemühten, ein Mandat zu kriegen. Es war also ein Schlüsselmoment für mich, als ich im Jahr 1999, also bei den dritten Nationalratswahlen seit ich nach Wien gekommen war, letztlich doch an wählbarer Stelle auf der Bundesliste landete. Nominiert hatte mich Parteiobmann Wolfgang Schüssel.

Damals wollte mich der neue Wirtschaftskammerpräsident Christoph Leitl davon überzeugen, auf das Abgeordnetenmandat zu verzichten und zu ihm als Generalsekretär in die Wirtschaftskammer zu kommen. Mir aber war die regionale Verankerung wichtiger als eine klassische Kammerkarriere. Leitl schlug mir dann einen Kompromiss vor: Ich konnte das Mandat und den Generalsekretär Stellvertreterposten übernehmen. Ein Angebot, das ich nur allzu gerne annahm, weil ich nun die gesamten politischen Abteilungen der Wirtschaftskammer an der Hand hatte und damit auf einen gut organisierten politischen Thinktank zurückgreifen konnte. Im Wirtschaftsbund waren wir rund 15 Mitarbeiter, die Kammer hatte ohne ihre Außenwirtschaftsabteilung rund tausend Beschäftigte.

Dass mein Ankommen im Parlament in meinem Fall so lange gedauert hat, lag sicher daran, dass der Andrang auf Funktionen größer war als die verfügbaren Plätze. Darüber hinaus war ich nicht Mitglied im Team eines Entscheiders und ich berücksichtigte auch einige Male nicht, was mir mein erster Chef Trauner eigentlich eingetrichtert hatte: Kritik ja, aber nur intern und nicht vor Zuhörern. Das stellte mich im Jahr 1995 tatsächlich vor ein gravierendes Problem: Wir schrieben die Zeiten der Großen Koalition, der damalige ÖVP-Staatssekretär Hannes Ditz und SPÖ-Finanzminister Ferdinand Lacina wollten eine Kommunalabgabe einführen, die einer Wertschöpfungssteuer gleichgekommen wäre und zusätzlich zur bereits bestehenden Kommunalsteuer, die Arbeitgeber und Selbständige damals leisten mussten, existieren sollte. Für Unternehmer wäre das eine große Belastung gewesen. Im Wirtschaftsbund rumorte es, Unternehmer riefen mich empört an und drohten mit Protestaktionen. Ich schwang mich zum Wortführer des Protests auf. Unterstützung bekam ich von der oberösterreichischen ÖVP-Abgeordneten Maria Fekter, einer alten Bekannten aus Linzer Unitagen. Letztlich gewannen wir die Debatte, und die Kommunalabgabe kam nicht. Stolz vermeldete ich der Presse, dass sich der Wirtschaftsbund gegen die Parteispitze durchgesetzt hatte. Erhard Busek, damals Parteichef, war nicht begeistert. Damals war ich fast allein, der Druck auf meinen Chef, Wirtschaftsbundpräsidenten Maderthaner, mich zu entlassen, war wohl sehr groß. Nur weil er und vor allem die Basis hinter mir standen, konnte das abgewendet werden. Erhard Busek ließ damals verlauten, ich solle ihm nicht so schnell wieder unter die Augen treten. Wir trafen einander dann an einem der nächsten Tage bei der Wahl des neuen oberösterreichischen ÖVP-Chefs Josef Pühringer am Landesparteitag in Linz. Ich ging zu ihm und er gab mir die Hand. Mit dieser Aktion hatte ich mich parteiintern endgültig positioniert und wurde als Akteur, den man nicht einfach übergehen konnte, ernst genommen.

Parallel dazu arbeitete ich im Wirtschaftsbund an meinem Lebens- und Lieblingsthema *New Public Management* weiter. Wir holten die damalige neuseeländische Finanzministerin Ruth Richardson als Vortragende nach Wien, Franz Fiedler, Gerhard Holzinger und Heinrich Neisser gehörten zu unseren Impulsgebern. Zusammen mit Professor Alfred Kyrer von der Universität Salzburg verfasste ich ein Buch über das Thema. Wir entwickelten Ideen für globale Budgetierungsmodelle, die es dann einige Jahre später tatsächlich in die ministeriale Verwaltung schafften. Wir erfanden die Initiative *Stopp der Gesetzesflut!* mit dem Verfassungsrechtler Johannes Hengstschläger als Experten. Unsere Unterschriftenaktion wurde im Jahr 1996 von 118 695 Bürgern unterzeichnet und in Form einer Petition dem Parlament überreicht. Sogar die *Neue Zürcher Zeitung* berichtete darüber. Ich genoss damals in den Medien schon den Ruf, ein wenig unbequem, durchaus reformorientiert, aber auch zukunftsorientiert zu sein. Im Juli 1997 leistete ich dem Experten beim

Thema Pensionsreform, Bert Rürup, im damaligen ORF-Fernseh-Talk »Im Zentrum« aus Unternehmersicht harten Widerstand und baute langsam so etwas wie einen Bekanntheitsgrad auf.

Ab der Nationalratswahl 1999, exakt nach der blau-schwarzen Regierungsfindung Anfang 2000, saß ich also als Abgeordneter im Parlament. Es hätte kaum eine spannendere Zeit dafür geben können. Ich kam mit der sogenannten »Wende« ins Hohe Haus, wie die Jahre der schwarz-blauen Koalition unter Kanzler Wolfgang Schüssel zwischen 2000 und 2007 genannt werden. Bei der Anfahrt zur Angelobung hatten wir in der Nähe der Oper einen Unfall mit Blechschaden. Ich ging daher zu Fuß zum Parlament und musste wegen der dortigen Proteste einige Tretgitter passieren. Es war so skurril, dass ich mir diese Szene immer merken werde.

Dass Schüssel mit den Freiheitlichen erstmals eine Partei der extremen Rechten in eine Regierung holte, versetzte halb Europa in Aufregung. Eigentlich war ja Bruno Kreisky der Erste gewesen, der mit der FPÖ koaliert hatte. 1970 hatte er sich seine erste Minderheitsregierung durch die FPÖ dulden lassen. 1983 dann, als die SPÖ die absolute Mehrheit nicht mehr erreicht hatte, hatte er für seinen Nachfolger Fred Sinowatz noch eine rot-blaue Koalition eingefädelt. Im Jahr 2000 nun beschlossen die 14 EU-Mitgliedsstaaten bilaterale Maßnahmen gegen Österreich, die sogenannten Sanktionen. Über sieben Monate hinweg herrschte diplomatische Eiszeit. Die bilateralen Beziehungen zwischen Österreich und den restlichen Ländern wurden eingestellt, Botschafter wurden nur mehr auf technischer Ebene empfangen. Österreich, das erst vor fünf Jahren der Union beigetreten war und sich als »Herz Europas« beworben hatte, war plötzlich das Schmuddelkind Europas. Internationale Zeitungen berichteten in langen Reportagen über Österreichs braune Vergangenheit, die unbewältigte Nazi-

Zeit, und stellten die schwarz-blaue Regierung als Vorboten einer rechtsextremen Wende dar. Die meisten Verdächtigungen waren krass übertrieben, und Schüssel, ein kluger Stratege, nutzte die Empörung im Land, um einen nationalen Schulterschluss gegen die Anwürfe aus dem Ausland zu schmieden. Es war auch die Zeit, in der, vielleicht auch, um zumindest die USA von Österreichs demokratischer Einstellung zu überzeugen, die Entschädigung für ehemalige NS-Zwangsarbeiter und die Restitution von geraubtem Kulturgut geklärt werden konnte. Anfang 2000 war Politik plötzlich wieder so aufregend wie schon lange nicht, ganz anders als in den 15 Jahren großkoalitionärer Fadesse (wenn auch Verlässlichkeit) zuvor. Was linke und was rechte Politik war, das war mit einem Mal wieder spürbar. Gegen die schwarz-blaue Koalition marschierten jeden Donnerstag Demonstranten auf. Für mich als Abgeordneten im Parlament war der Druck von außen aber auch von innen spürbar. Unter unserem Klubobmann Andreas Kohl herrschte ein strenges aber gerechtes Regime. Man wusste bei ihm, woran man war. Es galt, möglichst geschlossen aufzutreten, um der Opposition keine Angriffsfläche zu bieten. Der Druck der EU mit den Sanktionen stärkte den Zusammenhalt in der Koalition aber auch im Klub sehr.

Das Parlament ist eine harte Schule. Ich kannte die Gepflogenheiten bereits ein wenig, weil ich seit Beginn meiner Tätigkeit als Wirtschaftsbundgeneralsekretär in den Parlamentsklub kooptiert, also eingebunden, gewesen war. Ich war regelmäßig bei Klubsitzungen dabei gewesen. Als frischgebackener Abgeordneter meldete ich mich also selbstbewusst gleich für die erste Parlamentssitzung als Redner bei Klubobmann Khol an. Es ging um die Themen Wirtschaft und Budget, also durchaus meine Gebiete. Die SPÖ hatte eine dringliche Anfrage angemeldet, die Stimmung war aufgewühlt. »Du, da möchte ich auch reden«, sagte ich zu Khol. Er meinte sinngemäß: »Jetzt warte einmal, bis du in einem Ausschuss irgendwas erarbeitet hast, und dann kommst schon einmal dran.« Noch früher hätte es geheißen: »Geh zuerst einmal Wurstsemmeln holen!« Als junger Abgeordneter musste man früher ganz hinten anfangen, ist in der letzten Reihe gesessen, war der sprichwörtliche Hinterbänkler. Wer mit der Vorstellung ins Parlament kommt, er kann sofort mitgestalten, wird von der Praxis schnell eines anderen belehrt. Da geht es zuerst einmal um das Erlernen von Disziplin und Unterordnung, und zwar in jedem Klub. In meinem Fall endete meine erste Parlamentssitzung dann so, dass gegen Ende der Debatte der damalige ÖVP-Klubdirektor Werner Zögernitz zu mir kam und sagte: »Du, der Khol hat gerade gesagt, du machst den Schlussredner.« Ich musste mich also sehr spontan auf meine Premiere als Redner vorbereiten und war ein wenig nervös. Es hat mir nicht geschadet. Ich war als Redner im Klub seit damals gesetzt. Mein Vorteil dabei war, dass ich dank meiner zweiten Aufgabe als Wirtschaftskammergeneralsekretär sehr guten Zugang zu dem Wissen der Fachabteilungen hatte. Dazu kam, dass ich mit Christoph Leitl einen neuen Promotor gefunden hatte. Er hielt mir den Rücken frei, wenn es Kritik gab oder ich gar in die Situation kam, den Klubzwang herauszufordern, was kurze Zeit später geschah:

Karlheinz Kopf, mein Nachfolger im Wirtschaftsbund, und ich wollten gegen die geplante Reparatur der Getränkesteuer stimmen. Der Verfassungsgerichtshof hatte sie aufgehoben und das Parlament wollte das dann so reparieren, dass die Wirtschaftstreibenden die Rückerstattung nicht bekommen hätten. Normalerweise verlassen Abgeordnete, die bei einem Gesetz einen Gewissenskonflikt haben, den Saal während der Abstimmung oder sie melden sich krank. Dass jemand aus dem Klub ausschert und offen dagegen stimmen will, kam einer Revolution gleich. Kopf und ich wurden von Kanzler Schüssel in eines der Besprechungszimmer am Rande des Plenums geholt. Wenn wir ausscherten, würde die FPÖ alle wirtschaftsfreundlichen Bestimmungen des Koalitionspaktes einseitig aufkündigen. Damit wäre die schwarz-blaue Regierung nach nur wenigen Monaten quasi zerbrochen. Schüssel und der freiheitlichen Vizekanzlerin Susanne Riess-Passer ging es damals ums Prinzip. Wenn sie das durchgehen ließen, fehlte der Koalition das Fundament. Wir brachten dann mit Unterstützung von Leitl einen Kompromiss zustande, ohne dass wir dagegen stimmen mussten.

Es wird viel vom freien Mandat gesprochen, tatsächlich ist jedoch der Klubzwang sehr stark. Kaum einer getraut sich, in der Klubsitzung aufzuzeigen und auszusprechen, dass er etwa bei diesem oder jenem Beschluss nicht mitgehen würde. Im ÖVP-Klub hat sich ein fein gesponnenes, bewährtes Meinungsdämpfungssystem entwickelt. Die Klubarbeit ist in drei Arbeitsgemeinschaften (Bauern, Arbeitnehmer und Selbstständige) organisiert, dort können Kritiker Dampf ablassen, bevor eine Materie überhaupt in den Klub kommt. Vor allem für die Abgeordneten aus den Ländern, die nur für die Sitzungen nach Wien reisen, ist das praktisch. In der Arbeitsgemeinschaft ist ihr erster Zorn zumeist verpufft, und im Klub sagen sie dann manchmal gar nichts mehr. Im Ernstfall kann jeweils der Arbeitsgemeinschaftsvorsitzende der Klubführung signalisieren, wo es brennt. Dann kommt der Klubobmann in die Sitzung und fragt nach, was denn los sei. Steht eine heikle Materie an, merkt man das daran, dass der Klubobmann einem schon bei der Türe zum Besprechungssaal die Hand gibt und alle persönlich begrüßt.

Derartig brenzlig war die Stimmung etwa auch bei der Voest-Privatisierung im Jahr 2003. Die Regierung, allen voran

Finanzminister Karl Heinz Grasser, favorisierte das Projekt Minerva. Dabei ging es um eine mögliche Übernahme der Voestalpine durch den Magna Konzern Frank Stronachs. Das Projekt war lange Zeit geheim gehalten worden, das *Profil* hatte die Vorgänge jedoch aufgedeckt, und zwar kurz vor der Landtagswahl 2003 in Oberösterreich. Das war dann natürlich das beherrschende Thema. Ich persönlich hielt das Projekt wirtschaftspolitisch für falsch, weil es eine noch stärkere Ausrichtung auf den automotiven Bereich und damit mehr Krisenanfälligkeit gebracht hätte. Der Widerstand aus Oberösterreich war wiederum machtpolitischer Natur. Vom Betriebsratsobmann bis zum Aufsichtsrat sah jeder seinen Einfluss davonschwimmen. Mit einem Wort: Der Gegenwind aus meiner Heimatregion war umfassend. Dennoch wurden Pühringer und ich, weil ich einmal für die generelle Privatisierung im Parlament eingetreten war, bei jeder Haltestelle des Voest-Schichtbusses auf Plakaten als »Voest-Verscherbler« und »Arbeitsplatzkiller« gebrandmarkt.

Pühringer verlor bei den Landtagswahlen letztlich zwar nichts, aber mit dem eigentlich erwarteten Zugewinn wurde es auch nichts. Schüssel bestritt bei der folgenden Ministerratsvorbesprechung jeden hysterisch konstruierten Zusammenhang von Minerva und dem Wahlergebnis: Ich sagte: »Du kannst die schlechteren Voest-Ergebnisse in den Gemeinden mit dem Schichtbus abfahren und nachprüfen.« Das Projekt Minerva war damit Geschichte. Bei der Voest kam es dann zwar zu einer Privatisierung, es kam jedoch ein Linzer Konsortium mit der Oberbank, Raiffeisen, Energie Oberösterreich, Hypo und anderen zum Zug; das, zusammen mit den Anteilen, die die Mitarbeiterstiftung hält, garantiert, dass ein Ausverkauf oder eine feindliche Übernahme nicht möglich ist. Das halte ich bis heute für eine gelungene Lösung. Das Unternehmen ist nicht nur für Oberösterreich wichtig, sondern für ganz Österreich. Wir haben nicht viele große Unternehmen, und die Voest ist eindeutig ein Promotor des Wirtschaftsgeschehens. Der damalige Vorstandschef Franz Struzl wurde in dieser Phase übrigens mit dem Vorwurf des Insiderhandels an der Börse konfrontiert. Zwar sprach ihm am 8. August 2003 der Aufsichtsrat das Vertrauen aus, er musste aber noch 2003 nach nur zwei Jahren zurücktreten. Ihm folgte Wolfgang Eder.

Eher überraschend nominierte mich die Partei 2006 für den ersten Eurofighter-Untersuchungsausschuss. Eigentlich wurden dort die gleichen Themen abgehandelt wie in der Legislaturperiode seit 2017 im mittlerweile dritten parlamentarischen Untersuchungsausschuss zu diesem wirklich historisch bedeutsamen Skandal. Trotzdem fehlt es immer noch an einer Zusammenschau, die diesen Skandal abschließend bewertet und politisch einordnet. Da ich die Gelegenheit hatte, an der parlamentarischen Aufklärung mitzuarbeiten, möchte ich kurz ausholen:

Perfekt geführt wurde unsere Fraktion damals von Maria Fekter. Ich habe im Zuge dieser Arbeit so etwas wie Freundschaft mit dem grünen Paradeaufdecker Peter Pilz und dem FPÖ-Abgeordneten Ewald Stadler geschlossen. Der damalige Verfahrensanwalt Gottfried Strasser billigte uns nicht ohne Grund eine insistierende, einem Staatsanwalt ähnliche Fragestellung zu, wie er mir später einmal bei einem zufälligen Treffen bestätigte. Das war auch notwendig, denn der Fall war komplex. Das Heer wollte im Jahr 2000 neue Abfangjäger anschaffen. In der neuen schwarz-blauen Koalition schien die Chance auf Realisierung groß, das Thema kam also als Projekt ins Regierungsabkommen. Man hatte bereits alte Saab-Draken-Flugzeuge, deshalb waren wohl alle beim Heer irgendwie voreingenommen und auf Saab eingestellt. Da kannte man sich eben gut aus, die Einschulungen und die damit verbundenen Urlaube waren ein gut eingespieltes, vertrautes System. Nach dem üblichen Geplänkel, ob neue Abfangjäger überhaupt notwendig wären und ob nicht gebrauchte auch reichten, kam es zur Ausschreibung. Dann kam jedoch auf einmal das Konkurrenzprodukt von Saab, der Eurofighter-Typhoon, ins Spiel. Das war ein neues Flugzeug, das noch gar nicht lieferfähig war, dafür aber besser ausgestattet und scheinbar auch teurer. Ins Spiel gebracht war es von Finanzminister Grasser worden, der öffentlich den Ankauf zwar immer ablehnte, jedoch mit einem von Magna organisierten Flugzeug nach Manching zu Eurofighter geflogen war. Dort war er offensichtlich nicht ganz so ablehnend aufgetreten, denn Eurofighter schickte in Folge ein Angebot nach Wien ins Finanzministerium. Dieses Angebot wurde nicht als missverständlich erhaltenes retourniert, da man ja keine Flugzeuge von Eurofighter wollte, sondern in die Reihe der Angebote eingespeist. Der Verteidigungsminister spielte mit, in der Annahme, Eurofighter hätte nicht die geringste Chance. Es war ganz so, wie wenn eine Firma einen Wagen in der Golf-Klasse ausschreibt und dann bietet plötzlich Porsche an.

Dann kam im Juni 2002 eine anonymisierte Auswertung der Angebote durch fünf Experten der Jet-Bewertungskommission, deren Ergebnis dem im Verteidigungsministerium wartenden Minister Herbert Scheibner (FPÖ) und mehreren Generälen vorerst telefonisch präsentiert wurde. Man habe ein Ergebnis und das sei der Eurofighter, informierte der nicht stimmberechtigte Berichterstatter, Brigadier Wolfgang Katter. »Ihr werdet doch nicht abgestimmt haben?«, war die Frage der Wartenden. »Doch, und wir haben das auch verschriftlicht mit 4:1 für Eurofighter.« Der Berichterstatter wurde mit dem ganzen Konvolut ins Ministerium zitiert. Dort fertigten die anwesenden Generäle eine Einsichtsbemerkung an, die besagte, dass wegen der niedrigeren System- und Wartungskosten trotzdem dem Projekt Saab-Gripen der Vorzug gegeben werde. Alle, allen voran General Wolfgang Spinka, unterschrieben.

Das Projekt Saab wurde noch am selben Tag, dem 25. Juni 2002, für den Ministerrat vorbereitet und vom Finanzminister prompt retourniert. Nach einer Woche, exakt am 2. Juli 2007, wurde der Antrag neuerlich von Verteidigungsminister Scheibner eingebracht, diesmal aber lautend auf *Eurofighter* und als *einstimmig beschlossen*. All das, inklusive der zwei spektakulären Wendungen, geschah innerhalb einer Woche im Juni/Juli 2002 und ist aktenkundig.

Faktum und belegt ist auch, dass für die angedachten Gegengeschäfte auch der automotive Bereich aufgenommen wurde und Magna von Daimler, einem Miteigentümer von Eurofighter, einen als Gegengeschäft angerechneten Großauftrag erhielt. Die Liste der Gegengeschäfte musste auf Basis einer gerichtlichen Entscheidung auch offengelegt werden. Das Faktum, dass Magna vom Eurofighter-Deal profitierte, wurde von Frank Stronach immer bestritten, nicht aber von Magna selbst. Eigentlich liegt auf der Hand, wer das Geschäft eingeleitet und auch Vorteile davon gehabt hat. Möglicherweise war die Erstentscheidung sogar die korrekte Begründung. Sicher wurden damit Arbeitsplätze, aber zugleich auch Profite gesichert. Fatal ist jedoch, dass noch immer Gegengeschäfte im Wert von rund hundert Millionen unaufgeklärt sind, die das Eurofighter-EADS-Bieterkonsortium auf den Markt geschmissen hat, um die politische Entscheidung pro Eurofighter auch abzusichern. Dazu laufen noch die Untersuchungen der Staatsanwaltschaft.

Ende 2008 fielen diese Gegengeschäfte in meinen Zuständigkeitsbereich als Wirtschaftsminister. Ich habe mit der Staatsanwaltschaft eng kooperiert und Eurofighter mitgeteilt, dass die endgültige Abrechnung der Gegengeschäfte vom Ergebnis dieser Erhebungen abhängen würde. Geradezu grotesk war dann das Ergebnis der Bemühungen des nachfolgenden

Verteidigungsministers Norbert Darabos (SPÖ), die Kosten für den Ankauf zu senken. Man nahm dafür die Lieferung der billigeren Tranche 2 in Kauf und reduzierte die Stückzahl von 24 auf 18 Flieger, wobei damals schon klar war, dass es in absehbarer Zeit keine Ersatzteile mehr geben würde. Im Jahr 2019 brauchen wir wieder neue Flugzeuge, weil die alten nach kaum zehn Jahren großteils fluguntauglich sind. Eine neue wunderbare Chance für die Beschaffung und ihre hinterfragenswerten Praktiken.

Meine Rolle als Nationalratsabgeordneter gab mir endlich auch die Freiheit, mich für die Interessen aus meiner Region einzusetzen. Egal, ob es darum ging, eine Privatperson zu unterstützen, einem Unternehmen zu helfen, eine Initiative zu fördern, ich konnte das alles jetzt unbürokratisch machen und tat es gern. Rund hundert Besuchergruppen aus meiner Heimat führte ich persönlich durchs Parlament. Von 2002 bis 2017 war ich mit Hilfe meines Mentors Franz Leitenbauer, früher legendärer Landtagsabgeordneter unserer Region, auch Bezirksparteiobmann der ÖVP in meinem Heimatbezirk Rohrbach geworden. Das war für mich die letztlich am meisten erfüllende und schönste politische Funktion. In dieser Zeit fand auch ein gewaltiger Aufholprozess unserer Region statt. Ganz wichtige Faktoren waren dabei unser Gymnasium in Rohrbach und die HTL in Neufelden, die es seit 1992 gibt. Bei der 15-Jahr-Feier der HTL kritisierte ich, dass wir offensichtlich hauptsächlich für den Linzer Zentralraum ausbildeten, weil einerseits so viele dankbare Firmen von dort bei der Feier vertreten waren und andererseits am schwarzen Brett nur Angebote von Linzer Firmen hingen. Das ärgerte den Direktor Rudolf Zeller wohl oder vielleicht spornte es ihn auch an, denn im Jahr 2012 führte er mich bei einem neuerlichen Besuch zur Job-Angebotstafel, auf der mittlerweile vorrangig Jobs aus der

Region angeboten wurden. Das ist eine großartige Entwicklung. Sie steht für das Aufblühen der Region mit vielen neuen Betrieben, wunderbaren Hotels und einer der niedrigsten Arbeitslosenraten in Österreich.

Ein ganz wichtiger Faktor für die Region Mühlviertel ist das Stift Schlägl als spirituelles Zentrum und als Arbeitgeber in der Brauerei, im Forst und beim Schilift Hochficht, der gemeinsam mit dem Tiroler Peter Schröcksnadel erfolgreich betrieben wird. Meine Tätigkeit in der Region brachte auch den Vorteil mit sich, dass ich bei jeder Nationalratswahl bis 2013, also 2002, 2006, 2008 und 2013, auf der Wahlkreisliste Mühlviertel kandidieren durfte. Die Nummer eins der ÖVP auf der Wahlkreisliste sein zu dürfen, erfüllte mich immer mit großem Stolz und motivierte mich sehr. Dass ich als Politiker an der Basis nicht wenig erfolgreich war, zeigten mir meine guten Vorzugsstimmenergebnisse bei allen Nationalratswahlen. 2013 schaffte ich ohne Vorzugsstimmenwahlkampf mit 12 248 Stimmen die meisten in Oberösterreich. Allein in meinem Wahlkreis, dem Mühlviertel, gaben mir 10 709 Wählerinnen und Wähler ihre Stimme.

Für mich schloss sich damit auf eine sehr schöne Art und Weise ein Lebenskreis. Ich konnte meine Wurzeln, die Region, in der ich aufgewachsen war und die mich so sehr geprägt hatte und aus der meine Familie stammte, in Wien als Politiker vertreten und ihr etwas zurückgeben. Sooft ich konnte, fuhr ich auch als Abgeordneter und später dann als Minister in den Wahlkreis. Das gab mir Kraft, erdete mich und hielt mich über die vielen Jahre hinweg auch auf dem Boden. Denn die Spitzenpolitik ist natürlich ein Geschäft, in dem man niemals abheben sollte.

WIRTSCHAFTSKRISE
Die Gier nach mehr – Österreich an der Kippe zur Vertrauens- und Liquiditätskrise – Was haben wir gelernt?

Die Welt hat genug für jedermanns Bedürfnisse,
aber nicht für jedermanns Gier.

MAHATMA GANDHI

Ich habe 1974 im Gymnasium Rohrbach maturiert. Das Thema meiner englischen Maturaarbeit war damals *World without oil?* Nicht nur ich habe damals schon von Autos mit Elektroantrieb geträumt. Meine Generation und unsere Kinder und Enkelkinder sind wirtschafts- und gesellschaftspolitisch ganz anders aufgewachsen als die Nachkriegs- und Wiederaufbaugeneration. In Mitteleuropa gab es in dieser Zeit zum Glück keine Kriege oder größere Krisen. Ein paar Ältere können sich vielleicht noch an die Ölkrise im Jahr 1973 erinnern. Es gab sogar einen autofreien Tag pro Woche, und viele glauben noch heute, die Ursache wäre Ölknappheit wegen mangelnder Förderung gewesen. Auch andere wie der Club of Rome warnten wenige Jahre später vor dem sorglosen und verschwenderischen Umgang mit lebenswichtigen Ressourcen. Die Elektroautos, über die ich in meiner Maturaarbeit geschrieben habe, gibt es heute, mehr als vierzig Jahre danach, immer noch nicht flächendeckend. Auch ansonsten sind die Warnungen der Klimaexperten großzügig ignoriert worden. Erst jetzt begreifen wir langsam die flächendeckenden Auswirkungen und tun uns, Stichwort Klimawandel, noch immer schwer, weltweit koordiniert zu reagieren.

Um die Jahrtausendwende hat sich eine Wertehaltung etabliert, die man als Streben nach immer mehr Wohlstand beschreiben kann. Der deutsche Philosoph Richard David Precht spricht in diesem Zusammenhang von »moralischen Milieus«, in denen sich eine spezielle Wertehaltung von einem auf den anderen überträgt und sich so in der Gesellschaft gleichartige Haltungen auszubreiten beginnen. Es war »in«, das Geld arbeiten zu lassen. Es war selbst für öffentliche Körperschaften »in«, zu optimieren und mit einer *Sale and Lease Back-Strategie* zu punkten. Manche dieser Geschäfte waren dann so verschachtelt und komplex, dass selbst die Erfinder den Überblick verloren. Ein Beispiel sind die Swapgeschäfte der Stadt Linz, wo mittlerweile evident ist, dass ein Verlust eingetreten ist. Was genau geschehen ist und wer die Letztverantwortung trägt, ist Gegenstand von langwierigen Gerichtsprozessen. Selbst der Rechnungshof hat den Gemeinden zur Optimierung einige der im Nachhinein als zu riskant entlarvten Finanzgeschäfte empfohlen.

Der zu mehreren hundert Jahren verurteilte Finanzjongleur Bernard L. Madoff handelte vermutlich nicht nur aus kriminellem Antrieb, sondern musste auch die rasant steigende Nachfrage von Glaubensgemeinschaften, Universitäten, Wohlfahrtseinrichtungen und anderen abdecken, die in kurzer Zeit zweistellige Dividenden erhofften. Niemand wollte wahrhaben, dass derartige Gewinne bei Wachstumsraten von drei Prozent in der Realwirtschaft selbst mit noch so tollen Hebelwirkungen niemals fundiert sein konnten. Es gab so etwas wie die Gier nach etwas, was man in der Tat dann gar nicht brauchte.

Das gilt nicht nur für die großen Finanzmärkte, sondern auch für das tägliche Leben. So ist in dieser Zeit in Linz ein Kühlwagen, der Bananen transportieren sollte, wegen eines

Defekts am Kühlsystem auf der Straße liegen geblieben. Da der Schaden irreparabel war, hatte der Eigentümer angeordnet die Bananen zu verschenken. In der Folge konnten um Bananenschachteln raufende Bürger von der Polizei nur mühsam getrennt werden. Stunden später mussten Räumdienste im Umkreis von einigen hundert Metern viele weggeworfene, weil gar nicht benötigte Bananen wieder einsammeln.

Schon vor dem Jahr 2008 zeichnete sich in unserer Gesellschaft eine immer schneller werdende Entwicklung in Richtung – scheinbarer – Bedürfnisabdeckung ab, die mit realen Entwicklungen und Geschwindigkeiten nicht mehr im Einklang war. Ohne diese Gemengelage in der westlichen Gesellschaft und das Außerkraftsetzen von elementaren Grundlagen der Marktwirtschaft wäre weder die Immobilienkrise in den USA, noch die Kettenreaktionen auf den Finanzmärkten in einer derartig dramatischen Form entstanden.

Am 24. September 2008, vier Tage vor den Nationalratswahlen in diesem Jahr, fand eine Sondersitzung des Nationalrats statt. Das Thema der Sitzung war die hohe Inflationsrate, für die sich alle Parteien Rezepte zum Gegensteuern überlegt hatten. Ich war damals Nationalrat und Wirtschaftssprecher der ÖVP, und trotz meiner Sprecherfunktion hatte ich nicht die geringste Chance, bremsend oder sachlich gegenzusteuern. Diese Sitzung ist mir aus zwei Gründen in besonderer Erinnerung geblieben. Drei Tage vor dem Urnengang dachten alle Parteien – natürlich ganz selbstlos – darüber nach, was man alles an Geldgeschenken und sonstigen Benefits erfinden konnte, um dem Bürger das durch die Inflation kostspieliger gewordene Leben zu erleichtern. Nichts war dem Parlament zu teuer. Die eine Partei versuchte, mit immer besseren Anträgen die anderen unter Zugzwang zu setzen. Die dreizehnte Familienbeihilfe? Selbstverständlich. (Die Überschuldung des

Familienlastenausgleichsfonds FLAF war etwas für Theoretiker.) Die Abschaffung der Studiengebühren durch Rot, Grün und Blau? Das war doch immer schon gewollt. Überstundenbegünstigung? (Die Pauschale von fünf Stunden ist zu wenig, machen wir doch zehn!) Letzteres war der Einfall der FPÖ, ziemlich alle stimmten mit. Es war eine Stimmung zwischen genereller Lizitation nach oben und gruppendynamischen Reflexen. Diese »lange Nacht der Politik« – die Parlamentssitzung dauerte ungewöhnlich lange – brachte für das Budget eine Dauerbelastung in der Höhe von rund 3,5 Milliarden jährlich. Manche Maßnahmen wie die dreizehnte Familienbeihilfe wurden 2010 dann sogar wieder zurückgenommen. Warum? Eben wegen der Überschuldung des FLAF.

Wenn wir aus dieser Ausnahmesituation, die im Übrigen bei den Wahlen nicht wirklich honoriert wurde, etwas ableiten wollen, dann muss das parlamentarischer Natur sein. Manche Demokraten wünschen sich ja im Parlament, unabhängig von der jeweiligen Regierungskonstellation, das freie Spiel der Kräfte, also dass sich von Fall zu Fall Mehrheiten für gewisse Vorhaben finden. Das hat schon einen gewissen Reiz, jedoch nur bei Themen, die keine budgetären Auswirkungen haben, also beispielsweise bei der Einführung des Rauchverbotes, der Ehe für gleichgeschlechtliche Paare oder bei Themen wie die künstliche Befruchtung, nicht aber bei Themen wie der Pensionsreform oder der Steuerpolitik. Das muss Angelegenheit der Regierung bleiben.

Neben der Erfahrung, dass Politiker um des kurzfristigen Vorteils willen bei Wahlen die langfristigen Auswirkungen auf das Budget nicht einmal andenken, ist mir noch etwas deutlich in Erinnerung. Nur wenige Tage vor der Sondersitzung, nämlich am 15. September 2008, wurde bekannt, dass die US Investmentbank Lehman Brothers Konkurs anmelden musste – mit all den Kettenreaktionen, die letztlich zu einer der größten Krisen im Wirtschaftsbereich seit 1929 führten. Natürlich traten dann alle jene auf den Plan, die immer schon alles gewusst hatten, die gewarnt hatten und nicht gehört worden waren, kurzum echte und selbst ernannte Experten. Tatsache ist, dass in der Sondersitzung niemand auch nur ansatzweise die Lehman-Pleite angesprochen hat, geschweige denn die Auswirkungen kommen gesehen hat. Ex post war alles klar, ex ante gar nichts.

Kurze Zeit später, Anfang Dezember 2008, wurde ich Wirtschaftsminister. Fast jeder, der mir gratulierte, drückte gleichzeitig sein Bedauern aus, dass gerade mir diese furchtbare Krise im Wirtschaftsbereich zustieße, die uns alle ins Bodenlose reißen könnte. Tatsächlich begriff ich bald, dass jede Krise auch eine Chance war. Gerade an mir als Wirtschaftsminister, in Koordination mit dem Sozial- und dem Finanzminister, lag es, dagegenzuhalten und politisch etwas zu bewegen. Eine gute Basis dafür waren die damals schon skizzierten Vorarbeiten meines Vorgängers im Ressort, Martin Bartenstein, die nun vor allem von Rudi Hundstorfer als Sozialminister, von Josef Pröll als Finanzminister und mir konkretisiert und erweitert wurden.

Während damals alle Schlagzeilen voll mit der Finanzmarktkrise und ihren Folgen waren, erschütterte Österreich noch eine zweite, nicht minder gefährliche Krise, die sogenannte Gaskrise. Auf dem Weg in die ohnedies verkürzten Weihnachtsferien 2008 hatte ich in der Wirtschaftskammer in Linz noch ein Vieraugengespräch mit dem KTM-Chef Stefan Pierer. Er meinte sinngemäß, wenn die Regierung nicht kräftig reagieren und gegensteuern würde, müssten wir mit Konkursen und 600 000 Arbeitslosen rechnen. Kurz nach Jahresanfang, am 6. Januar 2009, rief mich noch dazu mein damaliger Energiereferent Martin Langeder an und teilte mir mit, dass der ohnedies bereits reduzierte Gasstrom aus der Ukraine nun in Baumgarten bei Null sei. Er empfehle eine Krisensitzung des Energielenkungsrates und eine umgehende Erlassung der Notverordnung. Eine Notverordnung, erklärte er mir auf Nachfrage, bedeute die Liefersperre für mehrere Industriesektoren.

Mehr Krise hätte es nicht geben können. Der damalige OMV-Chef Wolfgang Ruttenstorfer riet umgehend davon ab. Man komme mit den nationalen Gasreserven aus und setze auf Verhandlungen. Das klang recht gut, aber es hatte damals minus neun Grad, wir brauchten zu Heizzwecken etwa zehn Millionen Kubikmeter täglich und mussten diese aus den Speichern in Österreich aufbringen. Am nächsten Tag hatte ich ein Frühstück mit dem damaligen Böhler-Uddeholm-Chef Claus Raidl. Wir trafen uns alle paar Wochen zu Lagebesprechungen über die Situation der Wirtschaft. Er meinte zum Auftragsbestand von der Voest und von Böhler, dass dieser bei etwa zwanzig Prozent des sonst zu diesem Zeitpunkt üblichen Bestands läge. Im Klartext eine fast katastrophale Situation.

Angesichts dieser Umstände haben einige Unternehmen der Großindustrie ganz einfach die Weihnachtsferien verlängert. Daneben wurde aber auch umgehend in den zuständigen Abteilungen mit Effizienzsteigerungs- und Umstrukturierungsmaßnahmen begonnen. Am Ende muss man sagen, dass diese Gaskrise wohl kaum zu einem besseren Zeitpunkt hätte kommen können. Über die Feiertage wurde der Engpass kaum bemerkt, und es entstand keine Panik.

Die Krise im Gasbereich bewältigten wir übrigens auch deshalb so gut, weil vor allem die OMV das Mengen- und Krisenmanagement gemeinsam mit der E-Control und der RAG, der Rohöl-Aufsuchungs-AG, dem größten Gasspeicher- und somit Energiespeicherunternehmen Österreichs, gut hinkriegten. Zum zweiten unterlagen wir nicht den Einladungen und Verlockungen der Russen, aber auch nicht denen der Ukraine, bilateral zu verhandeln. Das übernahm der damalige EU-Energiekommissar Andris Piebalgs für die Union. Zum dritten stellte die Gasprom über Deutschland und Oberkappel den sogenannten Reverse Flow, also die Umdrehung der Leitung und damit die Versorgung, sicher. Nicht aus Selbstlosigkeit, sondern meines Erachtens deswegen, um Klagen wegen Verletzung der Lieferpflicht hintanzuhalten. Am 18. Januar 2009 war die Versorgung vollständig wiederhergestellt. Das war gleichzeitig der Auftrag, in Zukunft eine diversifizierte Versorgung mit weniger Abhängigkeit von Russland sicherzustellen. Das ist ein Thema, das die EU heute noch beschäftigt, und der Grund dafür war, dass die Projekte *Nabucco* und *South Stream* im Leitungsbereich forciert worden waren. Beide Projekte scheiterten aus diversen politischen Gründen. Auch *Nord Stream 2* ist derzeit noch nicht realisiert. Mit mehr Speicherkapazität, Reverse Flow und Angeboten bei Liquid Gas ist aber die Versorgung Europas sicherer geworden.

Die Finanzmarktkrise, die mit dem Zusammenbruch der Lehman Brothers im September 2008 begann, war nicht nur eine von den Vereinigten Staaten ausgehende Finanz- und letztlich Vertrauenskrise, die von einer Disparität zwischen realer und virtueller Wirtschaft gekennzeichnet war, sondern auch ein Problem der realen Produktion, der Entwicklung und des Angebots. Gerade im Autobereich wurde das deutlich. Während der Kunde leichte, verbrauchsarme und umweltschonende Fahrzeuge präferierte, wurden ganze Fahrzeugserien der alten und schweren Art erzeugt – und nicht verkauft. Die Finanzmarktkrise war damit spätestens im Jahr 2009 daher durchaus auch eine Nachfrage- und Strukturkrise.

Von den weltweiten Auftragsrückgängen war der automotive Zulieferbereich in Österreich besonders schwer betroffen. Ohne dass jemals eine eingehende Analyse stattgefunden hatte, entschloss sich die Österreichische Industrie, Auto-Zu-lieferland Nummer 1 in Europa zu werden. Rund 30 000 Betriebe in Österreich mit rund 400 000 Beschäftigten, allen voran Voest, Magna und BMW in Steyr, sind vom Wohl und Weh der Autoindustrie weltweit abhängig. Es war daher klar, dass Maßnahmen gegen die Krise unmittelbar den Autosektor im Focus haben müssten, aber auch den Bausektor. Auch dazu ist anzumerken, dass der Bausektor in Österreich mit rund sieben Prozent des Bruttoinlandsprodukts (BIP) einen überdurch-schnittlichen Anteil an der Produktion hat. Demgegenüber liegt dieser Wert im europäischen Schnitt bei fünf Prozent-punkten. Konkret heißt das, dass Konjunkturprogramme in der Bauwirtschaft aufgrund der Multiplikatorwirkung für andere Sektoren wichtig sind, auf der anderen Seite aber eine Strukturanpassung zumindest verzögern.

Sobald in Europa sich eine Abschwächung der Wirtschaft oder eine wirkliche Konjunkturkrise abzeichnet, gibt es zwei Reaktionsmuster. Liberale Experten setzen auf die klärende Kraft des Marktes und auf entsprechende Anpassungsprozesse, sie akzeptieren also durchaus auch mehr Konkurse, dafür aber auch neue Investitionen, stimuliert durch niedrige Zinsen. Die dadurch am Arbeitsmarkt entstehenden Probleme sollen auto-matische Stabilisatoren wie die Arbeitslosenversicherung ab-decken. Der Prozess ist schmerzhaft, bringt aber rasch Anpas-sung an die Märkte und steigende Konkurrenzfähigkeit.

Die andere wesentlich populärere These stammt vom englischen Ökonomen John Maynard Keynes und beruht auf der Idee, dass der Staat Geld in die Hand nehmen muss, um öffentliche und private Haushalte so zu stimulieren, dass die Wachstumsraten wieder nach oben gehen, die Arbeitslosig-keit niedrig bleibt und damit die Wertschöpfung insgesamt erhöht wird. Was dabei gerne vergessen wird, ist die Heraus-forderung, bei Anspringen der Konjunktur die Ausgaben auch wieder zu refinanzieren. Vergessen wird auch, dass damit Strukturanpassungen verzögert werden oder unterbleiben. Problematisch kann auch werden, dass ein ohnedies hoch verschuldeter Staat bei verzögerter Konjunkturentwicklung weder zurückzahlen noch nachsetzen kann. Das sind Probleme, die in den Fällen Griechenland oder Portugal später tatsächlich auch eingetreten sind.

Als Ende 2008 und Anfang 2009 deutlich wurde, dass die Bankenkrise simultane Auswirkungen auf Rohstoffmärkte, Aktienbörsen und die globale Wirtschaftsentwicklung haben würde, empfahl die EU Konjunkturprogramme. Die Größenordnung sollte 1,5 Prozent des BIPs betragen. In Österreich haben wir daraufhin, und zwar unter besonderer Berücksichtigung der tragenden Wirtschaftssektoren automotive Industrie und Bauwirtschaft, ein Konjunkturprogramm verhandelt, das mit Unterstützung der Bundesländer rund 14 Milliarden Euro bewegt hat.

Auf europäischer Ebene wurde mit einer umfassenden Reform der Finanzmarktspielregeln begonnen. Mehr Eigenkapital und Risikovorsorge, mehr Transparenz, stärkere präventive Kontrollen und Vorbeugemaßnahmen wie Stresstests bei den Banken sollten künftige Gefahren eindämmen. Dabei zeigte sich leider schnell, dass die schärferen Regelungen die großen Investmentbanken, die international die Krise ausgelöst hatten, weniger beeinträchtigen als die kleineren Banken, die gewissermaßen überreguliert und bürokratisch kontrolliert wurden. Ein Beispiel sind die aufwendigen Report-Verpflichtungen bei Kreditvergaben der Banken an die Europäische Zentralbank (EZB).

Mitte 2010 legte die Europäische Kommission eine Strategie zur Verbesserung der wirtschaftspolitischen Koordinierung vor. Makroökonomische Ungleichgewichte sollten übergeordnet wahrgenommen und durch ungleichgewichtige

Entwicklungen ausgelöste Krisensymptome früher erkannt werden. Als Instrumente wurden das Europäische System der Finanzaufsicht (ESFS) und in weiterer Folge der ESM (Europäischer Stabilitätsmechanismus) geschaffen, die nach der Bankenkrise auch auf der staatlichen Ebene Erschütterungen wie in Griechenland durch Haftungs- und Finanzierungsmaßnahmen auffangen mussten. Die durch die lang andauernde Stagnation über mehrere Jahre entstandene Refinanzierungsproblematik traf vor allem Staaten, die schon vor der Krise schwer verschuldet waren. Diese konnten weder Geld zurückzahlen, noch neue Impulse setzen.

Im Zuge einer Diskussion mit dem deutschen Finanzminister Wolfgang Schäuble am 5. Dezember 2011 in Wien sprach ich dieses Problem auch an. »Wenn alle Staaten in Europa ihr Budget gleichzeitig nach der Krise sanieren, dann bleibt das Wachstum auf der Strecke«, argumentierte ich. Meine Prognose trat dann tatsächlich ein. Mein Vorschlag, die Europäische Zentralbank (EZB) müsse stärker Anleihen der betroffenen Staaten kaufen, wurde von Schäuble und einzelnen Medien als quasi sozialistischer Vorschlag aufgenommen und abgetan. Vor allem Deutschland setzte auf eine reine *Austerity Policy*, also eine reine Sparpolitik mit klaren Zielen. Die Tageszeitung *Die Presse* schrieb damals über diese Diskussionsveranstaltung, dass sich Schäuble erkundigt hätte, welche der beiden Regierungsparteien in Österreich eigentlich den Wirtschaftsminister stellen würde.

In der Tat setzte wenige Monate später der neue EZB-Präsident Mario Draghi, der seit 2011 im Amt war, den Kauf von Anleihen auf breiter Basis um und trug damit ganz wesentlich zu mehr Liquidität im System und letztlich zur Beruhigung der Lage bei. Das Programm wurde dann erst Anfang 2019 beendet, weil es angesichts der florierenden Konjunktur nicht mehr notwendig erschien, die Geldmärkte zu fluten und so die Zinsen niedrig zu halten. Parallel zu diesen Ankäufen weiteten ESFS und ESM ihren Schutzschirm so weit aus, dass die Gefahr einer Euro-Krise minimiert werden konnte. Ganz wesentlich war in diesem Zusammenhang, dass die Entscheidungen von der politischen Ebene des ECOFIN, des Rats der EU-Finanzminister, auf die eher technische Ebene des ESM verlagert wurde. Damit unterblieben die mediale Ausleuchtung und die damit verbundene Dramatisierung jeder Sitzung, und selbst schwierige Entscheidungen wurden leichter über die Bühne gebracht.

Die Ausgangslage zu Beginn der Krise Anfang 2009 war in Österreich aus mehreren Gründen besonders schwierig. Österreich hatte zum damaligen Zeitpunkt bei Waren und Dienstleistungen insgesamt einen Exportanteil von rund sechzig Prozent des BIP. Also nahezu zwei Drittel unserer volkswirtschaftlichen Produktion ging ins Ausland. Da die Krise auch eine Nachfragekrise war, brach der Export schlagartig ein und es waren Rückgänge im zweistelligen Bereich zu verzeichnen. Darüber hinaus war Österreich vor allem im Produktionsbereich bei Maschinen, Investmentgütern und in der automotiven Zulieferindustrie im Export stark vertreten und weniger im Dienstleistungsbereich, was die Situation angesichts schwacher Nachfrage besonders aus Deutschland noch verschärfte. Als wäre das nicht genug, waren es die heimischen Großbanken, die vielfach in Zentral- und Osteuropa extensiv agiert hatten, dort teilweise sogar als Systembanken aktiv waren und nach den dortigen Einbrüchen der Wirtschaft und den darauffolgenden Kreditausfällen besonders intensiv betroffen waren.

Wie knapp Österreich an der Kippe zu einer Vertrauens- und Liquiditätskrise der Sonderklasse stand, lässt sich im Nachhinein nur erahnen, wenn man sich die vom Staat gesetzten Haftungs- und Vertrauensbildungsmaßnahmen noch einmal genauer anschaut. Die internationalen Sorgen um die Entwicklung in Österreich geben die Dramatik schon klarer wieder. Der damalige Finanzminister Josef Pröll musste zur Beruhigung der Partner und Märkte und zur Abschwächung von Niedergangsprophezeiungen aus Amerika wie etwa von dem Nobelpreisträger Paul Krugman eine vertrauensbildende Reise zu den Verantwortlichen in Ost- und Zentraleuropa antreten. (Der Wirtschaftsnobelpreisträger Krugman hatte Österreich Mitte April 2009 mit der Aussage »Island und Irland geht es ziemlich schlecht, Österreich könnte sich dieser Liga als drittes Land anschließen«, vor allem in internationalen Medien kurzzeitig in Turbulenzen gebracht. Derartige Beurteilungen können auf den Finanzmärkten durchaus zu schlechteren Konditionen, sprich höheren Zinsen führen.) Zusätzlich zu den Aktivitäten von Pröll gelang es dem damaligen Vorstandschef von Raiffeisen International, Herbert Stepic, im Rahmen einer *Vienna Initiative* eine Plattform mit den wichtigsten Banken im zentral- und osteuropäischen Bereich zu bilden, um Kreditlinien offenzuhalten und die Liquidität zu sichern. Eine Gruppe, bestehend aus Banken und Industriebetrieben, organisierte in der Folge mit Claus Raidl *21st Austria*, eine Art Informationskampagne bei Medien und Finanzinstitutionen in den USA und England, um den Imageverlust in den Finanzzentren zu stoppen und aktiv gegenzusteuern. Die USA sind mittlerweile unser zweitwichtigster Exportmarkt, die Initiative zielte jedoch viel eher darauf ab, die Bonität Österreichs und die Stärke der Volkswirtschaft insgesamt als zukunftsfest darzustellen. Diese Initiative und die finanzmarktpolitischen Aktivitäten waren durchaus erfolgreich, wofür man heute rückwirkend dankbar sein muss. Es war ein prekärer Schlüsselmoment für Österreichs Wirtschaft. Die Tatsache, dass die Ratingagentur *Standard & Poor's* im Jänner 2012 Österreich die Triple AAA Bonität entzog und auf AA+ zurückstufte und den Outlook als negativ qualifizierte, kann man als Indiz dafür sehen, dass Krugman nicht einfach nur im Interesse von Konkurrenten oder aus Boshaftigkeit gewarnt hat. Die Ratingagentur führte allerdings in der Begründung vor allem die starke Verflechtung in der Eurozone an, die unter Druck geraten war. Neben Österreich wurden auch Italien, Frankreich und Spanien herabgestuft, also Länder, die teilweise bis heute noch ihre Probleme im Budgetbereich nicht geklärt haben. Hier in Österreich sah man damals diese Beurteilung natürlich als Affront, den man nur mit der Abschaffung der amerikanischen oder der Gründung einer europäischen Ratingagentur entgegentreten würde können. Beides passierte dann nicht, und die Situation beruhigte sich wieder. Die Einstufung für 2019 ist zwar unverändert AA+, der Ausblick hat sich aber mittlerweile auf positiv verbessert.

Die letzten Jahre vor 2008 standen, was Industrie und Wirtschaftspolitik anbelangte, ganz im Fokus einer Hände-weg-von-der-Wirtschaft-Einstellung vonseiten der Industrievertreter. Ausdruck dieser Gesinnung war das damalige Österreichische Industrieholding Aktiengesellschaft-Gesetz (ÖIAG-Gesetz), mit dem sich der Staat aus seiner Eigentümerrolle fast total zurückgezogen hatte und in der ÖIAG ein sich selbst erneuernder Aufsichtsrat von Industriellen installiert worden war. Ziel dieser Regelung war es sicher, aufbauend auf den Lehren der Verstaatlichtenkrise in den 1990er-Jahren, diesmal ohne Einfluss der Politik zu einer privatwirtschaftlichen Gewinnoptimierung zu kommen. Dabei stellt sich aber natürlich die Grundsatzfrage, warum sich der Staat, der öffentliches Eigentum verantwortet, seiner Eigentümerrolle entledigt und diese anderen, nicht von der Bevölkerung gewählten Mandataren überträgt. Mein Credo lautet, dass der Staat dort, wo es um nationale Gesamtinteressen wie Wasser, Energie, Telekommunikation, aber auch um Schienen und andere Netze im Bereich Infrastruktur geht, eine Verantwortung hat, die sich auch in entsprechenden Eigentumsanteilen manifestieren muss. Er muss an solchen Unternehmen also mindestens 25 Prozent plus eine Aktie Anteil halten, um entscheidend mitbestimmen und um unliebsame Fremdübernahmen verhindern zu können. Die Idee, die Eigentümerrechte in einem Ministerium zu konzentrieren, hat etwas für sich, wenn Personalentscheidungen objektiviert und nachvollziehbar beispielsweise durch einen Fachausschuss erfolgen. Strategische Grundsatzentscheidungen wie Kapitalerhöhungen, Zukäufe oder Verkäufe sollen einer Genehmigung der gesamten Regierung obliegen und vom Rechnungshof geprüft werden.

Angesichts der Probleme nach der Finanzmarktkrise waren alle die, die von der Politik früher nichts hören wollten, dann mit einem Mal ganz schnell da, um einerseits auf Haftungs- und Liquiditätsschwierigkeiten hinzuweisen, und um andererseits vom Staat Geld- und Arbeitsmarktinstrumente für den Übergang zu fordern, damit man die Mitarbeiter in der Krise nicht kündigen musste. Und die Regierung handelte: Zuallererst wurde die Haftung der internen Einlagensicherung für Spareinlagen bei Banken bis 100 000 Euro vom Staat garantiert und damit vermieden, dass die Konsumenten in Panik gerieten und in Mengen Geld abziehen würden. Zum zweiten wurde zur Liquidität der Banken ein Anleihen- und Haftungsrahmen im Umfang von zehn Milliarden ermöglicht, den die Banken bei Inanspruchnahme auch bezahlen mussten, der aber situativ die Finanzmärkte beruhigte. Alles in allem aber kostete die Rettung des Bankensystems (inklusive Hypo Alpe Adria) den Staat und damit letztlich den Steuerzahler rund 14,1 Milliarden Euro. 4,1 Milliarden wurden in Form der Bankenabgabe zur Gegenfinanzierung aufgebracht, die dann ab

2016 mit dem Argument, man könne keine Doppelbelastung mit der Stabilitätsvorsorge der EU verkraften, abgeschafft wurde. Mit ein wenig Zeitverzögerung wurden auch für die Industrie Haftungen für Anleihen im Rahmen des sogenannten Unternehmens-Liquiditätsstärkungsgesetzes möglich gemacht. Gleiches machten einige Länder für große Industriebetriebe. Die Voest, Lenzing oder KTM nahmen damals die Hilfe der öffentlichen Hand auch an. Insgesamt wurden Haftungen in der Größenordnung von rund einer Milliarde Euro auf Bundesebene dafür in Anspruch genommen.

Nicht zuletzt durch diese Maßnahmen verlor kaum ein Österreicher durch die Krise Geld, und nur wenige verloren ihre Jobs. Als besonders wirksam erwies sich das Instrument der Kurzarbeit. Betriebe beantragten beim Arbeitsmarktservice (AMS) aufgrund der reduzierten Aufträge eine verkürzte Arbeitszeit und erhielten im Gegenzug vom AMS entsprechende Mittel, um den Verdienstausfall für die Mitarbeiter möglichst zu kompensieren. Dafür war das AMS unter der politischen Ägide von SPÖ-Sozialminister Hundstorfer verantwortlich, ähnlich agierte man auch in Deutschland. Wir stimmten uns hinsichtlich der größeren Fälle im wöchentlichen Jour fixe ab und kooperierten auch sonst in dieser Phase sehr eng. Der Staat brachte durch das AMS rund 300 Millionen Euro für diese Aktivitäten auf.

Aus eigenem Interesse, ihren Arbeitsplatz zu erhalten und der Firma zu helfen, zeigten sich auch die Mitarbeiter sehr kooperativ. Manchmal am Rande der Legalität und von der Gewerkschaft geduldet, wurden Durchrechnungsmodelle, Überstundenabbau und Sonderurlaube so gesetzt, dass eine Anwesenheit im Betrieb nicht erforderlich war. Mit einer Ausbildungsgarantie, die vor allem in den überbetrieblichen Lehrwerkstätten verwirklicht wurde, konnte vermieden werden, dass in dieser Phase der Boden für eine *generation jobless* gelegt wurde. Das duale Ausbildungssystem bestand in dieser Situation seine wohl wichtigste Bewährungsprobe bravourös. Länder, die über kein derartiges System wie Österreich verfügen, wie Spanien oder Griechenland etwa, haben heute die Jugendarbeitslosigkeit als Problemthema Nummer eins mit Arbeitslosenraten von dreißig bis vierzig Prozent zu verdauen.

Als eines von zwei Ländern in der EU konnten wir auch in den Krisenjahren die Inlandsnachfrage leicht steigern. Einerseits durch vorgezogene Investitionen im Bereich der Bauwirtschaft, andererseits durch die thermische Sanierung, bei der der Staat den Eigentümern, die ihre Häuser durch Isolierungs-, Heizungs- oder Fensterwechsel energieminimierend sanierten, Förderungen zahlte. Die Steuerreform 2009, an die sich im Nachhinein kaum jemand erinnert, stärkte die Nettoeinkommen um rund drei Milliarden Euro. So wurde der Gewinnfreibetrag von zehn auf dreizehn Prozent erhöht, Kinderbetreuungskosten bis 2300 Euro jährlich absetzbar gemacht und die Grenze von Lohn- und Einkommenssteuer von 10 000 auf 11 000 Euro erhöht. Allein dadurch wurden mehr als 150 000 Personen von der Steuer befreit.

Da anzunehmen war, dass bedingt durch die Krise die Lust auf Auslandsreisen eher kleiner werden würde, die Österreicher jedoch trotzdem nicht auf ihren Urlaub verzichten wollten, starteten wir mit der Österreich Werbung eine Kampagne für Urlaub in Österreich. Wir konnten dadurch eine gewaltige Steigerung der Inlandsnachfrage und ab 2012 jedes Jahr Rekordübernachtungen in Österreich registrieren. Klein- und Mittelbetriebe erhielten über das Austria Wirtschaftsservice (AWS) besonders günstige Niedrigzinskredite und mit Genehmigung der EU eine Erleichterung bei der regionalen Vergabe von Ausschreibungen durch die Erhöhung der Grenzen für freie und regional beschränkte Ausschreibungen.

Die spezifische Situation der Autoindustrie habe ich vorher schon erwähnt. Zwei Punkte sind in dem Zusammenhang vielleicht noch spannend. Am 8. Jänner 2009 fand im Bundeskanzleramt unter Beteiligung von der halben Regierung und allen wichtigen Branchenvertretern ein Krisengipfel statt. Zu den Themen Forschung/Innovation, Liquidität und Qualifikation/Arbeitsplatz wurden unter der Koordination von Sozialminister Hundstorfer und mir drei sogenannte Taskforces eingerichtet, die auch Ergebnisse im Bereich E-Mobility oder Finanzierung brachten. Wegen des dramatischen Einbruchs bei den Verkaufszahlen forderten Vertreter des Autohandels massiv eine Verschrottungsprämie für umweltbelastende Autos bei Ankauf eines Neuwagens. Das Ansinnen wurde von Bundeskanzler und Finanzminister wegen der Kosten abgelehnt. Rund eine Woche später hatte ich meine erste Pressestunde. Ich brauchte unbedingt eine dem Bürger verständliche und am Markt rasch wirkende Ansage. Da ich mitbekommen hatte, dass auch Deutschland mittlerweile so eine Prämie plante, rief ich am Samstag vor der Pressestunde Finanzminister Josef Pröll an, um ihn um Unterstützung zu bitten. Er meinte einleitend, ob ich beim Gipfel nicht zugehört hätte, verstand aber mein Anliegen sofort. Er sagte mir, bei dem von mir erwähnten Volumen von vierzig bis fünfzig Millionen Euro würde die Republik die Hälfte unter der Bedingung zur Verfügung stellen, dass die Importeure die andere Hälfte mitfinanzierten. Nach ein paar Telefonaten übernahm ich das Risiko, die Prämie in der Pressestunde anzukündigen. Am nächsten Tag machte ich in Verhandlungen mit den Autobranche-Vertretern Burkhard Ernst und Ingo Natmessnig das Paket innerhalb eines Vormittags fertig. Die Branche zahlte vom Gesamtvolumen von 45 Millionen die Hälfte. Rund 50 000 umweltschädigende Autos wurden aus dem Verkehr gezogen, im Jahr 2012 erreichten die Zulassungen den Höchstwert von 356 000 Fahrzeugen und blieben in den Folgejahren auf konstant hohem Niveau.

Natürlich kann man diese Aktion insofern hinterfragen, ob überhaupt Autos und deren Ankaufsförderung sinnvoll sind – Stichwort Energieverbrauch und Umweltbelastung. Wäre es nicht besser gewesen, den öffentlichen Verkehr mit diesem Geld auszubauen? Bestimmt nicht. Mit 22,5 Millionen kann man kaum ein paar Bahnkilometer elektrifizieren, braucht mehrere Jahre Vorlaufzeit und die alten Verschmutzer bleiben dennoch auf dem Markt. Die Diskussion um die marktwirtschaftliche Richtigkeit einer derartigen Prämie gewann deswegen keine Fahrt, weil auch die Hüter der Marktwirtschaft, die Vereinigten Staaten, *Scraping Benefits* einführten und zwischenzeitlich zur Sanierung den Autoproduzenten General Motors sogar verstaatlichten.

Während in Österreich Zulieferindustrie und Autohandel im Fokus standen, manifestierte sich die Krise in Europa bei den Erzeugern. Besonders betroffen war General Motors (GM) und deren europäische Tochter Opel. Man hatte bei GM Probleme mit der Attraktivität der Produktpalette auf dem Markt und wollte dem mit mehr Effizienz begegnen. Deshalb sollten in Europa vier bis fünf Werke geschlossen werden. Ein möglicherweise betroffenes Werk war damit auch der GM Betrieb in Aspern, in dem vorrangig Getriebe produziert wurden. Allein in den Monaten von Januar bis März 2009 fanden in Wien und Brüssel mit GM-Vertretern rund zwanzig Besprechungen statt, an denen ich persönlich teilnahm. Die Gespräche mit GM wurden zwar auf EU-Ebene vom damaligen Vizepräsidenten der Kommission Günter Verheugen koordiniert, allerdings versuchten betroffene Länder wie Belgien und Deutschland in bilateralen Verhandlungen Bestandsgarantien für sich zu erreichen. Wir machten das natürlich auch und kontaktierten sowohl GM-Europachef Carl-Peter Forster als auch GM-CEO Fritz Henderson persönlich. Wir standen auch ständig in Kontakt mit dem Chef von Aspern, Rudolf Hamp, und Vertretern der Stadt Wien. GM lobte unsere Maßnahmen wie Prämien und Kurzarbeit und sicherte zu, dass Aspern wegen Präzision und Qualität der Produktion einen Fixplatz als Opel-Standort hätte.

Ich war in dieser Zeit dreimal im Werk in Aspern, das letzte Mal Anfang Mai 2009 mit meinem Kollegen und Krisen-Sparringspartner Rudi Hundstorfer. Es war für mich einer der schönsten Schlüsselmomente in der Politik, als genau zu dem Zeitpunkt unseres Besuches die Kurzarbeit im Betrieb beendet und die Förderbänder wieder voll angefahren wurden. Als wir durch die Werkshalle gingen, applaudierten Mitarbeiter sogar oder hielten den Daumen nach oben. Ironie am Rande: Eines der Förderbänder, an dem Getriebe produziert wurden, stand plötzlich ruckartig still, und im Hintergrund grollte ein offensichtlich verantwortlicher Ingenieur deutlich hörbar: »Verdammt, gerade wenn ein Besuch kommt, ist die Anlage im A ...«

GM schrieb übrigens schon nach mehreren Monaten wieder Gewinne. GM-CEO Fritz Henderson wurde nach der Sanierung und Reprivatisierung rasch abgelöst, Opel-Chef Forster ging zu Tata nach Indien, und Magna scheiterte mit Kaufbemühungen für Opel. Heute gehört Opel Europa zum Peugeot-Konzern. Aspern ist noch immer Fixbestandteil der Produktionskette.

Und was haben wir aus der Krise 2009 bis 2016 gelernt? Das wichtigste Ergebnis der Krise 2009 ist wohl eine Kräfteverschiebung weg von Europa in Richtung Emerging Markets wie China, Indien, Südkorea oder Brasilien. 2009 verzeichnete in Europa nur Polen ein Wirtschaftswachstum, weltweit waren es immerhin 58 weitere Länder. Noch schwerer wiegt die

Verschuldungsentwicklung. Die entwickelten Länder haben rund dreimal so hohe Schulden wie Länder in Emerging Markets. Damit fehlen die Mittel für Zukunftsinvestitionen in Bildung, Wissenschaft und Infrastruktur. Das ist ein Befund, der sich für Österreich besonders schmerzhaft durch eine Statistik von Eurostat aus dem Jahr 2011 noch erhärten wird, wenn man sich vor Augen führt, was ein Staat gemessen am BIP vergangenheitsbezogen und was zukunftsbezogen ausgibt. Mit 16,9 Prozent für Pensionen, Hinterbliebene und Zinsen haben nur Italien, Frankreich, Portugal und Griechenland schlechtere Werte in der EU. Daher fehlt nicht nur Geld für wichtige Vorhaben wie die Qualitätssteigerung in den Kindergärten, sondern es steigt auch der finanzielle Druck auf das Pensions-, Arbeitsmarkt- und Gesundheitssystem.

Da sich nach kurzem Aufflackern 2011 gezeigt hat, dass die Nachfragekrise zu einer längeren Stagnationsphase bis 2016 mit zunehmenden Problemen am Arbeitsmarkt geführt hat, stellt sich die Frage nach einer proaktiven Strategie der Österreichischen Bundesregierung. Was hat man aus der Krise gelernt, wie schaut die Strategie für die Zukunft aus?

Diese liegt, nachdem wir regional mit siebzig Prozent unserer Exporte in die EU zu stark von dieser abhängen und nur wenige erfolgreiche Branchen und zu wenig Dienstleistungen haben, an sich auf der Hand. Wir brauchen regionale und produktspezifische Diversifikation. Genau das haben wir begonnen zu realisieren, durchaus mit Erfolg. Regional durch stärkere Ausrichtung der Exporte nach Asien, in den Mittleren Osten, aber auch nach Südamerika. Über die Initiatve *Go International* führen wir auch mittelständische Betriebe an neue Märkte heran. Ganz wesentlich dazu beigetragen haben die Reisen des damaligen Bundespräsidenten Heinz Fischer, immer begleitet von großen Wirtschaftsdelegationen. Er genießt in fast allen Ländern großen Respekt und ist ein höchst angesehener Gesprächspartner für Entscheidungsträger in vielen Staaten. Fischer, den ich ebenso wie Wirtschaftskammerpräsident Leitl auf mehreren dieser Reisen begleiten durfte, war ganz sicher *der* Türöffner für zahlreiche österreichische Firmen in Märkten wie Asien und Zentraleuropa, im Mittleren Osten und auch in Südamerika.

Auch in den Sektoren Produktion und Dienstleistungen ist die Diversifikation im Laufen. Im Bereich der Produktion vor allem durch hochwertige Forschungs- und Innovationsprogramme und durch Ausweitung der Forschungsprämie von zehn auf zwölf und nun sogar auf 14 Prozent. Das ist eine international anziehende Maßnahme, forschungsintensive ausländische Unternehmen investieren genau wegen dieser Prämie verstärkt in Österreich. Die F&E-Quote liegt in Österreich bei mittlerweile 3,17 Prozent vom BIP und ist die zweithöchste in Europa. Die Beteiligung an den Forschungsprogrammen der EU wie *Horizon 2020* ist überdurchschnittlich hoch. In diesem Bereich sind wir aus der Krise heraus also gut vorangekommen. Die Betriebe haben vielfach auf Reorganisations- und Restrukturierungsmaßnahmen gesetzt und sind konkurrenzmäßig gut aufgestellt. Die von Kanzler Christian Kern und mir als Vizekanzler auf den Weg gebrachte Investitionsförderung hat der Wirtschaft genau wie die Steuerreform 2015 in der richtigen Zeit die richtigen Impulse gegeben.

Genau dieser Aufschwung und die erstmals ab Mai 2017 auf Dauer sinkenden Arbeitslosenzahlen sind untrügliche Anzeichen einer nachhaltigen Wirtschaftsbelebung. Die Exporte und die Nächtigungszahlen im Tourismus haben schon vorher angezogen. De facto stand Mitte 2017 schon der Aufschwung fest. Selbst das immer strapazierte Argument, die Deutschen hätten uns abgehängt, stimmte nicht mehr, weil wir mittlerweile wieder bessere Wachstumsraten haben. Selbst in den Rankings, deren Aussagekraft sowieso zu hinterfragen ist, weil diese teilweise auf Einschätzungen von Managern und nicht auf Fakten beruhen, rückt Österreich seit 2016 ständig weiter vor. Die Betriebsansiedelungsbilanz der Austrian Business Agency (ABA) zeigte 2016 und 2017 Ansiedlungsrekorde von Betrieben in Österreich.

All das habe ich am ÖVP-Parteitag am 1. Juli 2017 in Linz bei meiner Abschiedsrede – durchaus zum offensichtlichen Unwillen der neuen Garde – angesprochen. Diese Darstellung passte so gar nicht zum Szenario für den damals anstehenden Nationalratswahlkampf, das besagte, dass alles darniederliegen würde und man daher dringend den Wechsel brauchen würde, den Wandel, die Veränderung für den Aufschwung der Wirtschaft. Das Thema spielte dann erst später im Wahlkampf eine große Rolle. Da ging es dann aber schon darum, wer für den Aufschwung verantwortlich sei. Damit mich niemand falsch versteht: Natürlich war nicht ich dafür verantwortlich, und schon gar nicht allein. Es war auch nicht der Bundeskanzler oder eine Partei. Es war ein Gemeinschaftswerk von Regierung, Sozialpartnern und den Betrieben mit ihren Beschäftigten. Das meiste, das wir gemacht haben – und das war in Summe nicht wenig – war in den entscheidenden Momenten von 2009 bis 2017 richtig. Große Teile der Bevölkerung können nur annähernd beurteilen, was geleistet wurde, weil sie die Nachteile und Probleme erst gar nicht zu spüren bekommen haben. Natürlich zählt das Argument »Hätten wir das anders gemacht, ginge es uns heute schlechter« in der Politik nicht. Aber vor dem Urteil der Wirtschafts- und Politikwissenschaftler und auch vor den EU-Verantwortlichen zählt es. Und ich bin auf meinen Beitrag in dieser sehr schwierigen, mehrmals an der Kippe stehenden Phase deswegen durchaus stolz.

FLÜCHTLINGSKRISE
Faktischer Kontrollverlust – Einwanderungsland Österreich – Wir gegen die anderen

In der Politik ist unterlassene Hilfeleistung
ein ganz alltägliches Delikt.

HENRI TISOT

Es gibt Momente im Leben, von denen man sofort weiß, dass die dazugehörigen Bilder im Kopf unauslöschlich in Erinnerung bleiben werden. Es sind dies natürlich private Lebensereignisse, aber auch solche, die Weltgeschichte schreiben, wie der Tod John F. Kennedys, die Mondlandung, der Fall der Berliner Mauer oder die Tsunami-Katastrophe in Thailand. Jeder von uns, auch wenn er gar nicht persönlich dabei gewesen ist, weiß heute noch, wo er damals war, was er getan oder gedacht hat. Noch intensiver erlebt man solche Momente, wenn man direkt involviert ist und instinktiv weiß, dass das hier später in die Geschichte eingehen und historisch werden wird.

Ich hatte als Politiker zumindest zweimal Berührungspunkte mit der Weltgeschichte. Das erste Mal im Jahr 2008 während der Finanzmarktkrise, die ich als Wirtschaftsminister erlebte, nicht direkt im Zentrum ihrer Entstehung, jedoch als Betroffener aus österreichischer Perspektive. Das zweite Mal wurde ich im Jahr 2015 Zeitzeuge eines historischen Ereignisses, der Flüchtlingskrise 2015. Sie war, zeitlich gesehen, eine über Monate andauernde längere Phase, bildhaft hat sich aber die Nacht vom 4. auf den 5. September 2015 als *Day X* eingeprägt. Jene Nacht, in der an der österreichisch-ungarischen Grenze eine friedliche Invasion durch Flüchtlinge begann, die dem Staat und der Gesellschaft ihre Grenzen im wahrsten Sinn des Wortes aufzeigte. Damals stand Österreich zuerst als Transitroute, dann als Zielland im Zentrum des Geschehens.

Die große Fluchtbewegung, die Österreichs Grenzen im Spätsommer 2015 erreichte, wird heute rückblickend als »Flüchtlingskrise« bezeichnet. Aber nicht die Flüchtlinge waren die Krise, sondern der Umgang der Politik mit ihnen löste eine Krise aus, weil die europäischen Regierungen dabei phasenweise versagten. Die politischen Folgen der Flüchtlingskrise wirken immer noch nach. Es gibt sogar Politologen, die davon sprechen, dass 2015 eine Wende in der Politik brachte und den endgültigen Aufstieg der Rechtspopulisten und Nationalisten in Europa markiert.

Die Wende in der Flüchtlingskrise kam am 4. September 2015, einem Freitag. Eigentlich war es keine Wende. Es war wie eine Explosion. In der Nacht vom 4. auf den 5. September setzten sich Tausende Menschen von Budapest aus, wo sie am Bahnhof Keleti seit Tagen festgesessen waren, in Bewegung und marschierten zu Fuß über die Autobahn in Richtung der österreichischen Grenze. »March of Hope« nannten sie ihre Karawane. Später in dieser Nacht würde die deutsche Kanzlerin Angela Merkel die Zustimmung geben, diese Menschen mit Zügen durch Österreich nach Deutschland zu bringen. Auch wenn alle Beteiligten in der Sekunde wussten, dass diese Nacht noch gravierende Bedeutung erlangen würde, wage ich die Behauptung, dass zu diesem Zeitpunkt niemand einschätzen konnte, wohin uns diese Entwicklung letztendlich führen sollte. Auch ich natürlich nicht.

Die Stimmung in diesen Septembertagen war sehr aufgewühlt. Erst zwei Tage zuvor war an einem türkischen Strand der leblose Körper eines Dreijährigen gefunden worden, ertrunken im Mittelmeer auf der Flucht nach Europa. Sein Bild ging um die Welt. Acht Tage zuvor hatte man in Österreich auf einem Seitenstreifen der Autobahn A4 bei Parndorf einen weißen Lastwagen mit 71 Leichen entdeckt. Sie waren beim Versuch, über die Grenze geschmuggelt zu werden, erstickt. Dazu kamen die Bilder vom Bahnhof in Budapest von Flüchtlingen, die wie in einem Anhaltelager hinter Gittern auf ihre Weiterfahrt nach Deutschland warteten.

Ich war an diesem Abend in Linz bei der Eröffnung der Ars Electronica im Brucknerhaus und stand dort auf der Bühne auf dem Podium. Gegen 20.45 Uhr wurde mir von einem Mitarbeiter gedeutet, dass ich unbedingt runterkommen sollte. »Dringend! Ganz dringend!« Mein Handy war ausgeschaltet, man reichte mir ein anderes, am Ende der anderen Leitung war Kanzler Werner Faymann (SPÖ). Er informierte mich darüber, dass die Flüchtlinge aus Budapest auf dem Marsch zur österreichischen Grenze seien und Ungarns Premier Viktor Orbán gefragt hätte, ob er diese aufhalten oder durchlassen solle. Aufhalten hieße aber auch, aus unserer Sicht, möglicherweise den Einsatz von Gewalt. Wir einigten uns daraufhin umgehend, dass Gewalt eine Katastrophe wäre und absolut nicht infrage käme. Er, Faymann, hätte auch schon mit Angela Merkel telefoniert, die zugesagt hätte, alle die, die durchgeleitet werden würden, auch aufzunehmen. Ebenfalls schon informiert und eingebunden sei Außenminister Sebastian Kurz, der am Rande der Außenministerkonferenz in Brüssel eine gemeinsame Erklärung mit dem deutschen Außenminister Frank-Walter Steinmeier vorbereiten würde, um den rechtlichen Status dieser Grenzöffnung abzusichern. Die Innenministerin Johanna Mikl-Leitner sei auch über die Entwicklung informiert. Um das sicher zu stellen, rief ich daraufhin die Innenministerin selber an, die aber ohnedies auch aufgrund eigener nachrichtendienstlicher Aufklärung Bescheid wusste und schon damit beschäftigt war, Busse und den Transfer der Flüchtlinge von Nickelsdorf zum Westbahnhof zu organisieren. Danach gab es noch mehrere Telefonate mit allen Beteiligten. In klarer Erinnerung ist mir, dass mir Innenministerin Mikl-Leitner um circa vier Uhr früh eine SMS schrieb, in der sinngemäß stand: »Der erste Zug ist angekommen, und die Flüchtlinge sind zum Westbahnhof transportiert worden. Die Aktion läuft.«

Später in der Nacht hatte offensichtlich Orbáns Krisenteam beschlossen, die Aktion zu beschleunigen und die Flüchtlinge mit Bussen und Zügen an die österreichische Grenze zu fahren, was die Lage weiter eskalieren ließ. Die dazugehörige Meldung der Austria Presse Agentur (APA) ging kurz nach Mitternacht am 5. September 2015 online. »Österreich und Deutschland erlauben aus Ungarn kommenden Flüchtlingen die Weiterreise in ihre Länder. Das erklärte Bundeskanzler Werner Faymann am Freitagabend nach einem Gespräch mit dem ungarischen Premierminister Viktor Orbán. Die Entscheidung sei ›aufgrund der heutigen Notlage an der ungarischen Grenze‹ gefallen, hieß es seitens des Kanzleramtes.«

Die Ungarn drängten damals darauf, statt von »humanitärer Notlage« nur von einer »Notlage« zu sprechen. Es sollte nicht der Eindruck entstehen, Ungarn sei mit der Unterbringung und Versorgung der Flüchtlinge überfordert. Das Wort »humanitär« wurde also gestrichen. Aus den Zeilen liest man auch die Einschätzung, dass Ungarn schon bald wieder alle Flüchtlinge registrieren, versorgen und vom Rest Europas fernhalten würde. Dass es sich also nur um eine Übergangslösung handeln würde. Das war rückblickend ein Irrtum. Man liest aus diesen Zeilen aber auch, dass alle drei Länder gemeinsam nach einem Weg und einer entsprechenden Formulierung gesucht haben, um diese Notsituation in Griff zu kriegen. Es geschah nicht gegen den Willen eines Landes, sondern im Konsens.

Das Innenministerium und damit die Ministerin Johanna Mikl-Leitner trugen sicher die organisatorische Hauptlast während der Krise, gefolgt vom Verteidigungsministerium unter Gerald Klug, das neben Quartieren auch logistische Aufgaben übernahm. Es wurden Busse und Züge organisiert, die die Menschen zum Westbahnhof brachten und von dort weiter nach München. Es war der Höhepunkt der sogenannten Willkommenskultur. Zum damaligen Zeitpunkt war es noch en vogue, die Flüchtlinge willkommen zu heißen. »Welcome Refugees« stand auf den Transparenten. Sie wurden mit Applaus begrüßt. Selbst die *Kronen Zeitung* war in diesen Tagen sehr positiv eingestellt und druckte seitenlange Sonderberichte. Jeder Politiker, der wollte, dass man etwas von ihm hielt, tauchte am Westbahnhof auf und machte Bilder. Auch der damalige ÖBB-Chef Christian Kern war dort, sein Auftritt war ein wichtiges Momentum auf seinem Weg zum SPÖ-Chef.

Ich bin übrigens nicht zum Westbahnhof gefahren, weil ich der Meinung war, dass in erster Linie die Zuständigen, die Handelnden und für die Organisation Verantwortlichen dort stehen sollten. Ich wollte mir nicht irgendwelche Federn an meinen Hut heften, weil ich auch keine formale Kompetenz bei diesem Thema hatte. Ich half nur, so gut es ging, bei den internen Koordinationsnotwendigkeiten und hielt vor allem zu Innenministerin Mikl-Leitner intensiven Kontakt. Auf ihre Empfehlung fuhr ich dann am darauffolgenden Sonntag ohne jede mediale Begleitung nach Nickelsdorf und traf dort das erste Mal den späteren SPÖ-Verteidigungsminister Hans Peter Doskozil. Er war als Polizeidirektor im Burgenland damals in Nickelsdorf Chef im Dienst. Ich muss zugeben, dass ich schockiert war, wie sich die Lage dort entwickelt hatte. Ich traf eine Menschenmenge von ungefähr 4000 Leuten an, die im Freien campierten und auf Busse warteten. Es gab Versorgungsmaßnahmen in einem Rot Kreuz-Zelt, aber diese waren eher marginal. Ich wollte mit einigen der Flüchtlinge sprechen, aber sie wichen mir wortlos aus, die Menge teilte sich vor mir, und es fühlte sich gespenstisch an. Aus Sicherheitsgründen wurde ich von vier oder fünf Polizisten begleitet, das mag ein Grund dafür gewesen sein, dass sich die Menschen so verhielten. Auf der Heimfahrt auf der Autobahn mussten wir vorsichtig fahren, weil Menschen zu Fuß auf dem Weg nach Wien waren. Es war aus meiner Sicht deprimierend.

Mich irritierte damals schon, dass wir die Flüchtlinge transportierten wie Ware, nicht wie Menschen. Raus aus den Bussen, rein in die Busse, raus aus den Zügen, rein in die Züge. Ohne Anmeldung, Registrierung, wie leblose Gegenstände eben. Ich dachte mir, wenn das jetzt über Wochen so dahinginge, müsse das nachgerade zu logistischen, aber auch zu sonstigen Problemen führen. Es war ein Ausnahmezustand, der nicht anhalten durfte. Sehr bald gab es auch Irritationen. Österreicher, die die Bundesbahn benutzten, beschwerten sich über die mangelnde Sauberkeit. Es wurden immer wieder Essenspakete und Spielzeug geschenkt, mit denen die Flüchtlinge aus kulturellen Gründen oft nichts anfangen konnten und sie wegwarfen, was zur Meinung beitrug, sie seien gar nicht bedürftig oder undankbar.

Rückblickend muss man natürlich die Frage nach der Mitverantwortung der Deutschen stellen. Merkels berühmter Satz »Wir schaffen das!« fiel auf ihrer Sommerpressekonferenz am 31. August in Berlin. Er war wohl auch eine Reaktion auf eine Begegnung mit einem Flüchtlingsmädchen am 15. Juli bei einem Bürgerdialog in Rostock, das vor laufender Kamera zu weinen anfing. Reem Sahwil, ein vierzehnjähriges palästinen-

sisches Mädchen aus dem Libanon, berichtete Merkel in flie-
ßendem Deutsch von ihrer Angst vor der Abschiebung ihrer
Familie. Merkel antwortete ihr damals noch »Und wenn wir
jetzt sagen: Ihr könnt alle kommen und Ihr könnt alle aus
Afrika kommen (…) Das können wir auch nicht schaffen. (…)
Politik ist manchmal hart. Es werden manche auch wieder
zurückgehen müssen.« Das Mädchen weinte bitterlich. Das
brachte der empathielosen Kanzlerin viel Kritik ein, und offensichtlich brachte sie das zum Nachdenken und beeinflusste
sie in den Tagen vor und nach dem 4. September.

Die Phase dieses historischen Ausnahmezustands endete
dann am 13. September, ab diesem Tag gab es an den deutschen Grenzen wieder Kontrollen und Registrierungen. Zwei
Tage später begann auch Österreich damit. Aber gelöst waren
die Probleme damit natürlich noch nicht. Österreich wurde
immer stärker vom Transitland zum Zielland.

Wo liegen die Ursachen für die organisatorische und auch emotionale Überforderung durch die Flüchtlingskrise? Warum
waren wir nicht gut genug vorbereitet? Haben wir die Entwicklungen nicht kommen gesehen? Oder haben wir sie zu
wenig ernst genommen? Warum haben wir uns nicht besser
mit den Bundesländern koordiniert? Warum hat es so wenig
europäische Solidarität gegeben? Was hat die EU eigentlich
für eine Rolle gespielt? Warum hat man die Innenministerin
so wenig unterstützt? Diese Fragen wurden mir oft gestellt.

Klar ist für mich, dass die Politik die Fluchtbewegung sehr
wohl ernst nahm, aber sehr schnell an die Grenzen ihrer Möglichkeiten stieß. Unsere organisatorischen Strukturen, insbesondere zwischen dem Bund und den Länderzuständigkeiten,
reichten einfach nicht aus. Die Länder hatten sogenannte
Schlüsselquoten zu erfüllen, also die im Land befindlichen
Flüchtlinge sollten jeweils nach der Kapazität der Länder

nach Quoten aufgeteilt und dem entsprechend aufgenommen und in Quartieren untergebracht werden. Das kann bei konstant abschätzbarer Entwicklung noch funktionieren. Bei einer dynamischen Zunahme wie im Jahr 2015 ist man organisatorisch immer im Hintertreffen. Der Puffer war das Flüchtlingslager Traiskirchen, das aus allen Nähten platzte. Angetrieben vom sozialistischen Bürgermeister Traiskirchens, der sich darüber intensiv beschwerte, musste auch der niederösterreichische Landeshauptmann Erwin Pröll bremsend einwirken. Darum musste der Bund gewissermaßen in Eigeninitiative Quartiere in seinem Bereich aufstellen. In so einem Moment hätte uns ein Durchgriffsrecht des Bundes vermutlich geholfen. Aber da wir neun Bundesländer haben und kein Bundesterritorium, musste zwangsläufig jede Bundeslösung jeweils wieder mit einem Bundesland koordiniert werden. Lösungen wie die Zurverfügungstellung von Bundesimmobilien-Gebäuden wie die alte Wirtschaftsuniversität in Wien oder ein nicht mehr gebrauchtes Schulungsgebäude habe ich persönlich mit dem Wiener Bürgermeister Michael Häupl abgestimmt.

Das Problem zeigte sich schon in den Jahren davor. Der 4. September war ein singulärer Schlüsselmoment, aber es gab Vorboten, Hinweise, Entwicklungen, die nicht zu übersehen waren. Allen Österreicherinnen und Österreichern, allen Fernsehzuschauern konnte es nicht entgangen sein, dass sich schon im Jahr 2013 in Italien die Zahl der Seenotfälle mit Flüchtlingen zu häufen begannen, dass Menschen auf der Mittelmeerroute ertranken, dass Italien Probleme hatte, das alleine zu bewältigen. Weder in Österreich noch auf der EU-Ebene zeigte sich wirklich jemand solidarisch. Es war und blieb ein Problem der Italiener. Und wir Österreicher hielten uns an der Einschätzung fest, dass Afrikaner eher nach Frankreich und nach England und nicht unbedingt über den Brenner nach Österreich oder nach Deutschland weiterziehen würde und uns das Thema deshalb auch nicht groß kümmern musste.

Dann wurde die Krise in Syrien immer virulenter. Der IS im Irak machte Druck, in Afghanistan herrschten unsichere Zustände, und Russland schaltete sich ab September 2015 mit flächendeckenden Bombardierungen in Syrien und anderen Eingriffen ein. Dazu kam dann noch, dass ausgerechnet in dieser sensiblen Phase den internationalen Hilfsorganisationen die Mittel gekürzt wurden. Länder wie die Türkei, der Libanon und vor allem Jordanien, die in Relation zu Österreich oder Deutschland viel mehr Flüchtlinge aufgenommen hatten, bekamen massive finanzielle und humanitäre Probleme. Alle diese Faktoren trugen dazu bei, dass sich eine neue Fluchtroute entwickelte, die sogenannte Westbalkan-Route über die Türkei, teilweise über Bulgarien, hauptsächlich aber über Griechenland, Mazedonien und dann über Serbien und Ungarn nach Österreich. Das registrierten die Heeresnachrichtendienste und andere internationale Aufklärer und Beobachter natürlich, jedoch auch der normale Nachrichtenkonsument konnte es mitbekommen, denken wir nur an die Bilder mit Stacheldraht in Mazedonien, der die Flüchtlinge aufhalten sollte. Natürlich gab es auch auf politischer Ebene Berichte, die im Ministerrat vorgelegt wurden. Die Berichte hatten ungefähr die Wirkung von Studien, die besagen, wenn sich der Klimawandel fortsetzt, werden nicht ein paar Millionen aus Afrika kommen, sondern Hunderte Millionen. Jeder ist bestürzt, jeder ist erstaunt, jeder hat Angst, aber in Wirklichkeit denkt sich jeder, das wird schon irgendwie abgewendet werden. Es ist einfach zu abstrakt.

Noch am 15. Mai 2015, als wir unseren ÖVP-Parteitag hatten, diskutierten wir über die Statuten und die Öffnung der Partei, aber die Migrationsfrage war damals kein Thema. Obwohl schon damals ein jeder ein ungutes Gefühl hatte, weil sich das Aufgreifen von Flüchtlingen häufte und Schleppertransporte auf der Autobahn beinahe mit freiem Auge für jedermann erkennbar waren. Akut wurde das Thema erst Ende Mai, danach und ab dann beschäftigte sich die Regierung jede Woche damit. Es ging nun vor allem um die Frage, wo in den Bundesländern Flüchtlingsquartiere geschaffen werden konnten, nachdem die Situation im Flüchtlingslager Traiskirchen langsam aber sicher unhaltbar geworden war. Schon damals etablierten wir innerhalb der Regierung auf Initiative der Innenministerin eine Arbeitsgruppe, die vom Bundeskanzler koordiniert wurde. Neben Mikl-Leitner, Kurz und Schelling sowie mir nahmen auch noch Klug und Hundstorfer an diesen Besprechungen teil. Wir waren sozusagen die Kernrunde, auch *Siebener Runde* genannt. Obwohl sie relativ hochrangig besetzt war, führte sie auch nicht zu systematischen Maßnahmen gegen die Transitkrise, sondern es war ein ständiges Alltags-Krisenmanagement, immer am Limit. Der große Ansatz fehlte, es gab auch nicht den Willen, Reservekapazitäten aufzubauen, also etwa Quartiere oder Transportmittel auf Verdacht zu organisieren, weil das Grundmotto der Bundesländer konsequent lautete: Wenn man proaktiv Kapazitäten in Reserve hat und anbietet, dann käme das einer Einladung gleich und es würden noch mehr kommen. Wir bräuchten keinen Pull-Faktor. Das war reaktiv, nicht perspektivisch. Ich kenne allerdings auch kein anderes Aufnahmeland, in dem die Flüchtlingskrise nicht ähnlich problematisch ablief. Eine derartige Dimension und Dynamik, wie wir sie erlebten, wird wohl nie präventiv ausgeplant und abgefedert werden können.

Im Laufe des Augusts wurde dann eine eigene Taskforce innerhalb der Regierung etabliert, in der sich die Spitzenbeamten unserer Ministerien und des Außen- und Finanzministeriums koordinierten. Sie hatte die Aufgabe, zwischen den einzelnen für die Organisation zuständigen Ministerien die

Koordination sicherzustellen, nicht nur, was Quartiere anbelangte, sondern auch die gesamte andere Abwicklung, also
den Transport, die Logistik und die medizinische Versorgung.
Das Hauptproblem war immer noch die ausreichende perspek-
tivische Bereitstellung von Flüchtlingsquartieren. Leider funktionierte damals die Zusammenarbeit zwischen dem rot re-
gierten Verteidigungsministerium und dem schwarz besetzten
Innenministerium gar nicht. Die Minister schlugen wechsel-
weise immer jene Kasernen vor, die im Bundesland eines
jeweils andersfarbigen Landeshauptmanns lagen. Der rote
Verteidigungsminister wollte natürlich einem roten Landeshauptmann keine Kaserne voll mit Flüchtlingen zumuten und
umgekehrt. Das machten sie aus Prinzip, um dort eine politisch unangenehme Diskussion auszulösen beziehungsweise
zu verhindern. Wenn Sie nach einem Beispiel dafür suchen, wo
die große Koalition im Hickhack versagte, hier ist so eines.

Es gab aber auch Politiker, die in dieser Phase mit eigener
aktiver Positionierung begannen. Mitten in meinen Vorbereitungen für das ORF-Sommergespräch am Montag, dem
24. August, platzte am Samstag davor eine Eilmeldung der
Tageszeitung *Österreich*. Außenminister Sebastian Kurz hatte
dort und auch in anderen Zeitungen einen *Fünf-Punkte-Plan*
zur Bewältigung der Asylkrise präsentiert. Seine fünf Punkte
waren durchaus sinnvoll und teilweise auf EU-Ebene und
auch auf Regierungsebene schon im Gespräch. Er forderte
mehr österreichisches Engagement im Kampf gegen die
Dschihadisten des Islamischen Staates (IS) in Syrien und dem
Irak, etwa indem Österreich militärische Schutzausrüstung
an Kurden, die gegen den IS kämpften, liefern sollte. Die EU
sollte gemeinsam mit dem Flüchtlingshilfswerk UNHCR in
den Ursprungsgebieten der Krise oder deren Nachbarländern
Aufnahmezentren aufbauen, in denen es die Möglichkeit gab,
außerhalb der EU Asylanträge zu stellen. Es bräuchte außer-

dem einen gemeinsamen integrierten EU-Außengrenzschutz. Und an den Hotspots in Italien und Griechenland müsse die EU Auffangzentren errichten. Und natürlich solle Österreich gemeinsam mit Deutschland und anderen EU-Staaten nicht aufhören, eine EU-weite Quote zur gerechten Aufteilung von Flüchtlingen zu fordern. Dieser Vorstoß von Kurz war aber weder mit mir als ÖVP-Parteiobmann noch innerhalb der Regierung akkordiert. Da geht es gar nicht um Eitelkeiten, wer ein Thema für sich nutzen kann, vielmehr braucht so eine politische Grundsatzfrage eine gemeinsame und auch von der gesamten Regierung getragene Abstimmung und kann nicht Thema eines einzelnen Ministers sein, selbst wenn einzelne Zuständigkeiten auch in den Bereich des Ministeriums fallen. Umso mehr, als die Haltung in so einer Frage natürlich auch beim Rat der Regierungschefs eine große Rolle spielt.

Mich informierte Sebastian Kurz am Freitagabend telefonisch darüber, dass er diesen Fünf-Punkte-Plan präsentieren würde. Er meinte, er bekäme Druck von den Medien, weil er in der Flüchtlingsfrage zu wenig präsent sei, und müsse deswegen jetzt endlich eine Initiative setzen. Was wie eine vorherige Information oder sogar thematische Abstimmung klang, war letztlich ein Vor-vollendete-Tatsachen-Stellen, weil mir schon die Zeitungsabdrucke vom nächsten Tag mit dieser Initiative vorlagen. Natürlich unterstützte ich dann den nun selbstverständlich als mit mir abgesprochen dargestellten Plan in meinem ORF-Sommergespräch. Weder das Thema noch der Zeitpunkt waren für eine Auseinandersetzung geeignet.

Ich nutze das Sommergespräch, um den ehemaligen Raiffeisen-Generalanwalt Christian Konrad als Flüchtlingskoordinator der Regierung zu präsentieren. Er sollte uns vor allem in der Quartierfrage unterstützen und zwischen den Gebietskörperschaften und dem Bund vermitteln, damit rascher Unterkünfte für Flüchtlinge geschaffen werden konnten. Denn

126

das war nach wie vor unser Hauptproblem. Meine Überlegung für Konrads Bestellung war Folgende: Der Raiffeisen-Konzern hatte vor allem auf der Ortsebene sehr viele Funktionäre, die auch politisch tätig waren und die Örtlichkeiten kannten. Sie verfügten über Gebäude und über Zugang zu Entscheidungsträgern. Sie waren für mich demnach ein Schlüssel zur Lösung der Unterbringungsfrage. Konrad konnte den direkten Kontakt zu den Gemeinden aufbauen und sie davon überzeugen, Flüchtlinge aufzunehmen. Tatsächlich hatte er dann reihenweise Bürgermeister persönlich angerufen und in Alpbach im August 2015 und später noch vier weitere Bürgermeisterkonferenzen zu diesem Thema einberufen. Er bewirkte in der Flüchtlingshilfe bei vielen vor Ort eine Umkehr des Denkens. Ich hatte damals noch die Einstellung, dass, wenn es ein organisatorisches Problem mit der Unterbringung gäbe, man das auch mit organisatorischen, und nicht mit ideologischen Mitteln lösen können müsse. Das war, rückblickend, vielleicht naiv, aber es entspricht noch heute meinem Menschenbild: zu helfen, egal, woher jemand kommt.

Konrad wurde nur vier Tage später, am 28. August, in seiner Funktion bestellt. Er bekam nur seine Aufwendungen ersetzt, und ein Büro. Kanzler Werner Faymann, mit dem der Vorschlag natürlich auch abgestimmt war, stand voll hinter der Beauftragung des erfahrenen Konzernmanagers. Auf der Ebene von Bundeskanzler und Vizekanzler zogen wir zu diesem Zeitpunkt schon an einem Strang und hatten die politische Auseinandersetzung hintangestellt. Aber natürlich waren wir nur in Ansätzen auf das vorbereitet, was uns in den Tagen nach der Öffnung der Grenze und dem »March of Hope« des 4. Septembers erwartete.

Die Deutschen öffneten also ihre Grenzen nach dem 4. September, und knapp zehn Tage später, am 13. September, begannen sie wieder mit Grenzkontrollen. Im Prinzip waren es zehn Tage eines faktischen Kontrollverlustes, an dem jeden Tag bis zu 10 000 Menschen an Österreichs Grenzen ankamen. Das hatte fast einen Kollaps des staatlichen Systems zur Folge. Auch die NGOs mussten alle ihre Kräfte anspannen, damit das einigermaßen bewältigt werden konnte. Die Zivilgesellschaft half aktiv und umfassend. Es wäre auch eine falsche Vorstellung zu behaupten, das alles hätte damals eine reine Staatsaufgabe sein sollen. Es war vielmehr eine gesellschaftliche Aufgabe. Der Staat subventionierte einzelne NGOs, die Sanitätsdienste oder ähnliches leisten, entsprechend. Die Leistungen, die sie erbrachten, wurden abgegolten. Keine der Organisationen hätte mit eigenen Mitteln oder nur mit Spenden die Krise bewältigt, sondern der Staat bezahlte ihren Einsatz mit. Dazu gab es leider auch im Nachhinein eine intensive, nicht immer einfache Auseinandersetzung.

In diesen zehn Tagen war allen Akteuren klar geworden, dass der Ausnahmezustand nicht zur Normalität werden durfte. Am 13. September flogen gleich nach dem Ministerrat Kanzler Faymann, Innenministerin Mikl-Leitner und ich nach Berlin und trafen dort die deutsche Kanzlerin Angela Merkel, Kanzleramtsminister Peter Altmaier und den deutschen Innenminister Thomas de Maizière, um uns abzustimmen. Dazumal waren alle noch von der Überzeugung beseelt, man müsse den flüchtenden Menschen helfen und die ganze Situation irgendwie organisatorisch in den Griff kriegen. Gleichzeitig müsse das Helfen strukturell und koordiniert ablaufen, es könne also auf Dauer kein Durchwinken geben. Sehr subtil gesagt: Es müsse der Staat wieder ein Staat sein, der nicht die Kontrolle über seine Grenzen verloren hätte. Das Gespräch mit Merkel war pragmatisch und konstruktiv, die Zusammenarbeit sollte vor allem auf der Ebene der Innenminister eng koordiniert werden. Zwei Tage nach den Deutschen führte auch Österreich wieder Grenzkontrollen ein. Oder besser: Pro-forma-Grenzkontrollen. Denn die Krux an dem Ganzen war das Dublin-II-Abkommen. Es sprach sich schnell herum, dass die Registrierung im Ankunftsland und dann dort auch das Asylverfahren zu erfolgen hatte. Daher hätten die Flüchtlinge ja eigentlich in Griechenland ihren Antrag stellen und dort registriert werden müssen, oder in Slowenien, oder in Ungarn. Damit war die Taktik der Staaten eingerissen, erst gar nicht zu registrieren, und auch Österreich registrierte dann nicht, außer es stellte jemand dezidiert einen Antrag. Der Vorwurf, wir würden nicht registrieren, kam in der Folge zumindest unterschwellig von Deutschland immer stärker. Tatsache war jedenfalls, dass auch aufgrund der Kontrollen an den deutschen Grenzen die Anträge in Österreich stark anstiegen.

Mitten im Geschehen ist es nicht einfach, den Überblick zu behalten, aber es gab ein paar bemerkenswerte Momente, die für mich rückblickend anzeigen, wie sich die Innenpolitik entlang des Themas Flüchtlinge und Flüchtlingskrise neu und härter auszurichten begann. In Oberösterreich fanden am 27. September 2015 Landtagswahlen statt. Die FPÖ plakatierte schon sehr negativ gegen Flüchtlinge. Die ÖVP Landespartei versuchte, das Thema Flüchtlinge aus dem Wahlkampf draußen zu halten, da es ihrer Meinung nach bei Landtagswahlen um Oberösterreich und nicht um die Flüchtlingskrise gehen würde. Diese Taktik ging absolut nicht auf. Die FPÖ gewann massiv, plus 15 Prozent, und die ÖVP verlor dramatisch, insgesamt minus zehn Prozent. Die ÖVP hatte nicht die richtige Antwort. Ich sprach das Flüchtlingsthema bei der ÖVP-Wahlkampf-Abschlussveranstaltung auch an, teilweise zum Unwillen der oberösterreichischen Volkspartei. Aber in Wirklichkeit wäre es meines Erachtens besser gewesen, sich mit dem Thema auseinanderzusetzen und eine eigene Position einzubringen, anstatt das nur den anderen zu überlassen. Die Phase der Willkommenskultur war ja bereits vorbei. Ja, wir wollten helfen, aber es musste eine geregelte und koordinierte Hilfe sein. Der Staat musste seine Rolle wieder erfüllen. Gleichzeitig war die Stimmung damals zu erhitzt, und das Land wirkte wie gespalten.

In Wien zeigte Bürgermeister Michael Häupl fast zum gleichen Zeitpunkt, dass man auch mit einer Pro-Flüchtlings-Strategie Erfolg haben konnte. Am Tag nach den oberösterreichischen Landtagswahlen, am 28. September, fand ein Benefizkonzert zugunsten der Flüchtlingshilfe im Konzerthaus statt, das die Philharmoniker spielten. Ich war bei dem Konzert anwesend, das auch schon im Zusammenhang mit den Wiener Gemeinderatswahlen am 11. Oktober 2015 stand. Schon während des Benefizkonzerts sagten in der Pause ältere Bildungsbürger, die der ÖVP nahestanden, zu mir: »Ja, wir können bei der Wiener Gemeinderatswahl am 11. Oktober gar nicht ÖVP wählen, leider, das wäre eine verlorene Stimme, wir müssen den Häupl wählen.« Schwarze Urwähler erkannten, dass ihre Stimme, würden sie ÖVP oder die Grünen wählen, verloren wäre, weil es galt, Häupl zu stärken und ein Bollwerk gegen die FPÖ zu bilden, die den Flüchtlingen so ablehnend gegenüberstand. Häupl gewann mit dieser Strategie souverän. Man muss hinzufügen, dass Wien die Flüchtlingsunterbringung und -versorgung derart gut managte und damit das Problem zumindest in der Phase bis zum 11. Oktober soweit entschärfte, dass in der Bevölkerung der Eindruck vorherrschte, man habe die Dinge im Griff. Kaum war die Wien-Wahl vorbei, war es auch mit der ambitionierten Haltung vorbei, und Wien hatte schlagartig weniger Interesse an mit dem Bund koordinierten und teilweise auch präventiven Vorsorgequartieren. Man spürte deutlich, dass das jetzt nicht mehr dieselbe Priorität hatte wie vor den Wahlen.

Ende Oktober 2015 spitzte sich die Situation erneut zu. Viktor Orbáns Ankündigungen, einen Grenzzaun zu errichten, schwächten den Flüchtlingsstrom teilweise tatsächlich ab, beziehungsweise lenkten sie ihn über Slowenien um, sodass die Menschen jetzt in Radkersburg und Spielfeld über die slowenisch-österreichische Grenze kamen. Damals entstanden die Bilder von vorwiegend jungen Männern, die über die grüne Grenze nach Österreich marschierten, es war eine regelrechte Karawane. Steirische Politiker riefen, wie nicht anders zu erwarten gewesen war, uns in Wien an und alarmierten die Feuerwehr. Ordnungskräfte fingen die Leute auf der Autobahn nach Graz mühsam ein, verfrachteten sie in Busse und brachten sie dann an die österreichisch-deutsche Grenze. Das Ganze war eine koordinierte Aktion des Innen- und Verteidigungsministeriums. Zu diesem Zeitpunkt hatten die Deutschen aber schon begonnen, pro Stunde nicht mehr als fünfzig Personen über ihre Grenzübergänge zu lassen und jeden einzelnen genau zu kontrollieren. Viele Flüchtlinge blieben dann auch schon in Österreich.

Wie der Zufall es so wollte, war ich genau in dieser brenzligen Phase, am 24. Oktober, im Grenzort Kollerschlag in Oberösterreich, in meinem Heimatbezirk. Ich besuchte eine Stockhalle des lokalen Sportvereins, die ein paar Tage vorher noch als Übergangslager für Flüchtlinge genutzt worden war. Nun stand sie leer, nur die Betten standen noch da. Ich schaute mir das mit dem Vize-Bürgermeister und Landtagsabgeordneten Georg Ecker an, und beide dachten wir wohl, wir hätten den Höhepunkt der Transitkrise überschritten. Daraufhin besuchten wir noch das Fußballspiel Kollerschlag gegen Klaffer, ein lokales Fußballmatch erster Klasse. In der Pause kam ein Ortsbewohner zu Ecker, sprach mit ihm, und Ecker sagte daraufhin zu mir: »Du, wir müssen noch an die Grenze, dort ist der Wahnsinn los.« Der Grenzübergang nach Deutschland war nicht einmal einen Kilometer entfernt, und so fuhren wir los. Dort zählte ich 26 Autobusse, die die Flüchtlinge im wahrsten Sinne des Wortes »ausspuckten«. Letztere verzehrten dort ihren Proviant, verrichteten ihre Notdurft mangels sanitärer Anlagen irgendwo in der Wiese und warteten. Gott sei Dank war es nicht so kalt, wie es zu der Jahreszeit sein konnte. Die Autobusse – es waren hauptsächlich solche mit steirischen Kennzeichen, aber auch Busse der Firma Blagus – wurden jeweils von einem Streifenwagen der Polizei begleitet, Betreuungskräfte sah ich weit und breit keine.

Am Grenzübergang fand sich eine lange Warteschlange Richtung Deutschland. Beim Übergang standen drei deutsche Beamte und ein österreichischer Offizier und der Bezirkspolizeikommandant aus Rohrbach, der ein ehemaliger Schulkollege von mir war. Ich fragte ihn, was hier eigentlich los ist. Die deutschen Grenzpolizisten waren relativ rüde, weil sie mich für einen Journalisten hielten. Mein Schulkollege wies mich als Vizekanzler der Republik Österreich aus und damit war die Auskunftsbereitschaft natürlich eine ganz andere. Die Beamten beschwerten sich daraufhin massiv, was ihnen seitens der Österreicher angetan wurde, weil sie total überrumpelt worden waren und auch nicht die Kapazitäten, diese Menschenmasse organisatorisch aufzuarbeiten, geschweige denn die notwendige Anzahl an Bussen zur Verfügung hätten für den Weitertransport nach Passau. Die gleiche Beschwerde erhielt ich wenige Tage später auch noch schriftlich von einem lokalen Politiker, dem CSU-Landrat im Landkreis Passau, Franz Meyer.

In den Tagen danach wurde in Kollerschlag wegen der Wartezeit beim Übergang auf österreichischer Seite ein Zelt für rund tausend Leute aufgestellt. Der deutsche Kanzleramtsminister Peter Altmaier besuchte das neue Lager. Was dann passierte, steht symbolisch für die damalige Lage. Obwohl der oberösterreichische Polizeikommandant Altmaier angeblich davon abgeraten hatte, dort Fotos zu machen, entstanden dutzende Handy-Fotos, vor allem Selfies, mit ihm und den Flüchtlingen. Letztere hatten den deutschen Minister schon vorher mit tosendem Applaus empfangen, und er war offensichtlich einfach überwältigt gewesen von den starken Emotionen und der ganzen Situation an sich.

In Schärding, dem zweiten oberösterreichischen Hotspot, war es nicht anders. Die Beschwerden über abgewiesene, zurückgeschickte oder einfach so im österreichischen Grenzbereich wahrgenommene Flüchtlinge häuften sich. Als Reaktion schwenkte unsere Regierung zunehmend auf das ungarische Modell ein. Keine Selfies mehr am Grenzübergang, dafür aber Grenzzäune. Als eine Art Abschreckungsmaßnahme entwickelte das Innenministerium die Idee eines Grenzzaunes in Spielfeld, mit einer Kontrolle- und Registrierungsschleuse. Bundeskanzler Werner Faymann war darüber gar nicht begeistert, die Wortschöpfung »Türl mit Seitenteilen« wurde daraufhin so etwas wie ein anekdotischer Schlager. Der restriktive Kurs setzte sich durch, und wir als ÖVP machten geschlossen Druck. Bei unserer Klubklausur in Bad Leonfelden Anfang Jänner 2016 propagierten wir dann die Idee einer Flüchtlingshöchstzahl von 37 500 Flüchtlingen pro Jahr, sukzessive reduziert in den Folgejahren. Diese Forderung präsentierten wir im Team, also ich als Vizekanzler, der Außenminister und die Innenministerin. Diese Forderung, die genau die Empfindungen der Mehrheit der Österreicher getroffen haben dürfte, zeigte Wirkung. Die SPÖ lenkte offensichtlich auch unter Druck vieler Basisfunktionäre überraschend ein. Damit endete die kurze Euphorie und die große Fluchtbewegung des historischen Jahres 2015 endgültig.

Die Übergriffe in der Silvesternacht in Köln, bei der es zu zahlreichen versuchten Vergewaltigungen und sexuellen Belästigungen durch Menschen aus dem arabischen Raum gekommen war, bestätigte auch mich persönlich dann in meiner Haltung, die sich im Grunde schon Anfang September in Nickelsdorf gebildet hatte. Der weitere politische Weg konnte nur mehr heißen: Hilfestellung ja, aber organisiert und überprüft und den eigenen Kapazitäten angemessen. Die Idee hinter der Flüchtlingshöchstzahl war ja ursprünglich, die anderen Länder in Europa dazu zu veranlassen, solidarisch zu agieren. Auch lag auf der Hand, dass wir den Außengrenzschutz gemeinsam verstärken mussten. Das konnte nicht den einzelnen Mitgliedsstaaten überlassen bleiben.

Im Endeffekt brauchten wir die Flüchtlingshöchstzahl dann nicht mehr, weil ab Mitte 2016 deutlich weniger Menschen kamen. Das war rückblickend eine Sorge weniger, denn die Durchsetzung der Höchstzahl mit Gesetz und Verordnung war rechtlich auf EU-Ebene und auch in Relation zur Flüchtlingskonvention nicht unumstritten. Außerdem wäre sie auch praktisch schwer administrierbar gewesen. Allein die Zahlenangaben waren schon umstritten.

Der Hauptgrund für die Reduktion des Flüchtlingsstroms war wohl, dass die sogenannte Balkanroute geschlossen worden war. Der im Wahlkampf 2017 entstandene Urheberstreit, wer nun die Route wirklich geschlossen hätte, scheint mir etwas kleinkariert. Ich finde, dass eine ausschließlich persönliche Zuordnung unvollständig ist und zu kurz greift. Tatsache ist, dass EU-Ratspräsident Donald Tusk in die betroffenen Länder gefahren ist und dort die Verhandlungen geführt und die Zusagen der einzelnen Länder eingeholt hat. Darüber hinaus war es eine gemeinsame Anstrengung der betroffenen europäischen Innenminister, koordiniert von der österreichischen Innenministerin, die Details festzulegen, und dann natürlich die Leistung Angela Merkels, die das Flüchtlingsabkommen mit der Türkei und vor allem die Finanzierungsfragen verhandelt und damit den Strom der Menschen an einer seiner wichtigsten Quellen massiv gedrosselt hat. Das hat den endgültigen Durchbruch gebracht.

Wenn man es zusammenfasst, entspannte sich die Lage ab Jänner 2016. Die Balkanroute war ab diesem Zeitpunkt zu oder fast zu, das Schlepper-Unwesen war durch Maßnahmen in der Türkei gedämpft worden. Und in Syrien hatte sich die Lage langsam entschärft. Am Ende waren es etwa eine Million Flüchtlinge aus dem Nahen Osten, die nach Europa gekommen waren. Das ist in Relation zur Gesamtbevölkerung ein verschwindend kleiner Prozentsatz, wenn man an die Millionen, die der Libanon, Jordanien und die Türkei aufgenommen haben, denkt. Trotzdem ist das Thema politisch nach wie vor Wasser auf den Mühlen der Tagespolitik und war beim Wahlkampf 2017 das Topthema in Österreich. Interessant ist, dass nach vielen Studien feststeht, dass vor allem der Durchschnittsverdiener, der Angst vor der Zukunft hat und dies wiederum auf Zuwanderung fokussiert, affin ist für die Ideen rechter und rechtspolitischer Parteien wie etwa der AfD, der Freiheitspartei von Geert Wilders oder auch der FPÖ.

Warum haben wir als Gesellschaft mit dem Thema Flüchtlinge im konkreten Fall so große Probleme? Die Österreicher waren sich offenbar nicht so richtig bewusst darüber, dass das Land seit Jahrhunderten eine Art Integrationsmühle gewesen war, schon aufgrund unserer geografischen Lage, jedoch auch aufgrund der Zusammensetzung der Kronländer in der Monarchie. Wenn man sich das Wiener Telefonbuch anschaut, wird man feststellen, dass es so etwas wie einen richtigen Österreicher kaum gibt. Er ist ein Amalgam vieler Kulturen. Auch die Behauptung einiger Politiker, der Islam sei eine fremde und bislang nicht dagewesene Kultur, stimmt so nicht. Das lässt sich historisch leicht beweisen. Wien kennt die Themen Vielvölkerstaat und Migration seit mehr als hundert Jahren.

Nichts davon ist neu. Jedoch hat es noch jede Regierung nach 1945 unterlassen, eine systematische Migrations- oder Einwanderungspolitik festzuschreiben.

Ich kann mich noch erinnern, als wir in den 1990er-Jahren als Staat bei sieben Millionen Einwohner standen, jetzt gehen wir Richtung neun Millionen. Irgendwann werden wir uns unsere Pensionen nicht mehr leisten können, sagte man damals, weil die Bevölkerung überaltert sei. Wir sind also auf die Durchmischung geradezu angewiesen, haben diese Wahrheit jedoch – auch was die Gastarbeiter angeht – immer nur phasenweise akzeptiert, nie systematisch anerkannt und damit gearbeitet. Auch im ÖVP-Parlamentsklub hatten wir deshalb, wie schon erwähnt, lange nur einen Vertriebenensprecher, jedoch keinen Integrationssprecher.

Die Österreicher sind es, historisch gesehen, gewohnt, Flüchtlinge aus den Nachbarländern aufzunehmen: aus Ungarn 1956, auf der Tschechoslowakei 1968, aus Bosnien und anderen Nachfolgestaaten Jugoslawiens in den 1990er-Jahren. All jene betrachteten die Österreicher als Nachbarn, zudem kamen sie immer als Familien. Das Problem bei der Flüchtlingskrise des Jahres 2015 war, dass in der Erstphase hauptsächlich junge Männer kamen und die Familien zum Teil erst später nachkamen.

Eine große Anhäufung junger Leute ohne definitive Beschäftigung ist immer ein Problem. Nicht unbedingt hilfreich ist es allerdings, wenn wir ausgerechnet integrierte Asylwerber, die eine Lehre begonnen oder einen Hilfsjob gefunden haben, abschieben – aus Prinzip. Die Lage ist kompliziert. Wenn ich als Staat nicht garantieren kann, dass es rasche Entscheidungs- und Berufungsverfahren gibt, dann ist es natürlich sinnvoll, dass ein Asylwerber einer bestimmten Tätigkeit nachgeht. Warum? Dann gleitet ein Asylwerber nicht in die Kleinkriminalität und ins Nichtstun ab, sondern hat zumindest, selbst wenn er später abgeschoben wird, eine Ausbildung, die ihm dann in seinem Land nutzen kann. Andererseits nimmt man natürlich bei generellem Verbot jenen, die im Berufungsverfahren Recht kriegen oder überhaupt Asyl kriegen, die Ausbildungschance generell weg. Das war eine der gravierendsten Fehlentscheidungen, was Integration anbelangt.

Gleichzeitig beauftragt die Regierung die Austrian Business Agency, Fachkräfte und Lehrlinge anzuwerben – auf Drittländerebene. Das Vertrauen in den Rechtsstaat, wie die Regierung argumentiert, und der Verweis auf bestehende Gesetze ist nicht mehr als eine Ausrede. Verfahren kann man beschleunigen und Gesetze rasch ändern. Deutschland hat rechtlich schon vorgezeigt, dass man kann, wenn man will. Deswegen habe ich auch die Initiative des oberösterreichischen Landesrates Rudi Anschober von den Grünen unterstützt, genauso wie viele Unternehmer und Politiker aus allen Lagern. Mir ging es dabei um die Sache, nicht um ein Parteianliegen. Ich brauchte nicht einmal auf das Thema aufspringen, wie es so schön heißt, weil ich es schon 2007 (im bereits zitierten *Falter*-Interview) als zielführend deklariert habe, Asylwerber etwas Sinnvolles tun zu lassen.

Der emotionale Zugang zum Flüchtlingsthema änderte sich mit der Zeit. Das konnte ich in meiner eigenen Familie beobachten. Meine beiden Töchter und meine Ehefrau bewirteten Flüchtlinge in Helfenberg, sie unterstützen Sprachkurse und baten mich immer wieder um Hilfe, wenn es darum ging, dass eine Arbeitsvermittlung klappen oder ein Interview für Asyl endlich stattfinden sollte. Das konnte ich in einem Rechtsstaat auch nicht wirklich beeinflussen, aber zumindest konnte ich auf augenfällige Probleme hinweisen. Am Anfang erklärte sich der ganze Ort mit den Flüchtlingen solidarisch, beim örtlichen Spar-Supermarkt wurden Listen mit notwendigen Lebensmitteln aufgelegt, und die Leute kauften und zahlten. Der Ort organisierte ein Theaterstück, in dem Flüchtlinge an einer Bushaltestelle, auf dem Kinderspielplatz und vor einem Geschäft nachspielten, wie und wo sie daheim mit dem Krieg konfrontiert worden waren. Dadurch entstanden Bilder und lebensnahes Verstehen der Bedrohung. Die Namen der Flüchtlinge merkte man sich. Ein paar schafften es, sich im Ort zu etablieren. Beim Bäcker arbeitet einer, im Supermarkt mehrere, ein anderer bei der Bank. Die meisten zogen nach Wien. Es kamen jedoch andere dazu, die sich nicht mehr so integrieren konnten oder wollten, sondern einfach in ihrer Unterkunft blieben. Kaum jemand kannte ihre Namen oder Schicksale. Meine Familie involvierte sich nicht mehr so intensiv wie zu Beginn der Krise, es wurde generell weniger gespendet, die örtlichen Unterstützer schrumpften auf eine Handvoll zusammen, es kam auch immer wieder zu Zwischenfällen, die die Menschen irritierten. Wenn ein Flüchtling zum Beispiel schnell einmal nach Syrien heimflog, weil seine Mutter krank war, und dann wieder retour kam, war er für die Menschen kein Flüchtling im ursprünglichen Sinn mehr. Andere wiederum zogen nach Ägypten, weil es dort besser war.

All das sind Einzelbeispiele, die einseitig geschildert und zugleich verallgemeinert worden sind. Sie haben dazu geführt, dass so etwas wie beklemmende Normalität eingekehrt ist. Trotzdem bleibt vom Jahr 2015 und der Flüchtlingskrise für mich, dass wir in eine Art Biedermeier zurückgekehrt sind. Nach dem Motto: *My home is my castle.* Das ist zwar eine sehr egoistische Sichtweise, dennoch teilen sie viele Menschen. Wenn eine Situation undurchschaubar, gefährlich und unkontrollierbar erscheint, zieht man sich zurück, nämlich dorthin, wo es sicher und überschaubar ist. Die Worte werden radikaler und respektloser, Sozialpsychologen sprechen von der radikalisierten Gesellschaft. Irgendwo haben wir das richtige Maß verloren. »Ein Europa, das schützt« war das Motto der österreichischen EU-Präsidentschaft im zweiten Halbjahr 2018.

Vor wem? Vor den Flüchtlingen? Scheinbar ja. Schwer bewaffnete Beamte mit gepanzerten Fahrzeugen üben an der Grenze den Ernstfall. Eine Invasion von Flüchtlingen würde drohen, ist die Übungsannahme. Die Bilder zeigen Wirkung. Vor allem bei jenen, die glauben, ihnen würde etwas genommen werden. Benachteiligte Österreicher, die nur eine Mindestpension bekommen oder eine Mindestsicherung, werden gegen Flüchtlinge ausgespielt. Es geht um Alteingesessene gegen Neuankömmlinge, um uns gegen die anderen.

Was sollen die Wirtschaftsflüchtlinge eigentlich bei uns, wird oft gefragt. Das Nonplusultra an Frechheit ist für viele die Tatsache, dass manche Flüchtlinge von Grundsicherung und Mindestsicherung noch Geld nach Hause überweisen. Ein klares Indiz dafür, dass die Unterstützung hier viel zu hoch sei. Es könnte aber auch ein Beleg dafür sein, wie groß die Not daheim wirklich ist. Was bei dieser Auseinandersetzung nämlich vergessen wird, ist, dass wir als Exportland mit sechzig Prozent Exportquote einen Teil unseres Reichtums genau jenen verdanken, die jetzt in eigentlich, gemessen an der Einwohnerzahl, kleiner Anzahl zu uns gekommen sind. Ein Umdenken, ein Raus aus den klischeehaften Denkmustern hin zu einer langfristig positiven Vision täte uns gut. Das gilt für den einzelnen Bürger genauso wie für den verantwortlichen Politiker.

MACHTÜBERNAHME

Systematische Illoyalität? – Sprengmeister wider Willen? – Potemkinsche Dörfer

> Wer in der Politik Dankbarkeit erwartet,
> ist ein unverbesserlicher Optimist.
>
> OTTO VON HABSBURG

Nachdem ich am Mittwoch, dem 10. Mai 2017, meinen Rücktritt verkündet hatte, räumte ich in den nächsten Tagen mein Büro. Am darauffolgenden Sonntag verabschiedete ich mich im Parteivorstand und besuchte am Abend im Konzerthaus ein Konzert der Wiener Philharmoniker. Es dirigierte Daniel Barenboim. Im Zuge der Begrüßung erwähnte Direktor Matthias Naske mich, worauf nach einem Moment der Ruhe lang anhaltender Applaus ertönte. Das berührte mich sehr.

Ein paar Tage später flog ich mit meiner Frau nach Sardinien. Dort entstand das Foto an einem Swimmingpool, auf dem ich mit einer schwarzen Sonnenbrille zu sehen bin und das durch die Medien ging. Ich befand mich in einer Phase der Euphorie, die etwa drei, vier Wochen anhielt. Ich fühlte mich befreit, ich hatte ausgesprochen, was mich belastet hatte. Dann wurde es jedoch schwierig für mich. Ich hatte viel Zeit zum Nachdenken, und das mitten im Wahlkampf 2017. Da passierte es fast zwangsläufig, dass ich mich, ohne das wirklich zu wollen, in eine Fernsehdiskussion zappte oder Leute mich anriefen und fragten, ob mir das, was da alles gesagt wurde und inzwischen an geheimen Papieren aufgetaucht war, bekannt sei und auch so stimme. Die Wiener Wochenzeitung *Falter* hatte nämlich im Spätsommer 2017 über geheime Strategiepapiere berichtet, die zeigten, wie minutiös sich Sebastian Kurz und sein Team auf die Übernahme der Macht in der ÖVP vorbereitet hatten. Diese Papiere waren auf der Homepage des *Falters* auch einzusehen und runterzuladen gewesen. Mittlerweile befinden sie sich im Archiv des Instituts für Zeitgeschichte als historische Quellen.

Ich schaute mir diese Unterlagen gar nicht an, weil es einfach so schon schwer genug war für mich, Abstand zu gewinnen; ich hielt meine selbst gewählte Linie, im Wahlkampf kein einziges Interview zu geben, ausnahmslos ein. Ein Coaching half mir dabei. Unter anderem bekam ich den Rat, Informationen nur gefiltert aufzunehmen und zeitversetzt, also später, mit nahestehenden Menschen über die Wahlkampfduelle im Fernsehen zu reden. Das Coaching war sehr hilfreich, auch für die Vorbereitung meiner Abschiedsrede am ÖVP-Parteitag am 1. Juli 2017. Die Rede dort fiel mir fast noch schwerer als meine Rücktrittsansprache. Das vom Publikum dort vielleicht erhoffte »Schwamm drüber, Politik ist halt, wie sie ist« schien mir falsch, eine Totalabrechnung hätte mir nichts genützt und der Partei schwer geschadet, also wählte ich einen Mittelweg ohne persönliche Vorwürfe. Die Erwähnung der Wirtschafts- und Forschungserfolge und die angesprochene Diskrepanz zwischen christlich-sozialem Anspruch und tatsächlicher Wirklichkeit in der Flüchtlingspolitik war vielen noch scharf genug, wollte man sich im Wahlkampf doch genau gegenteilig positionieren.

In einem Video auf diesem Parteitag – und so wurde es später auch kolportiert – wurde publik gemacht, ich hätte meine Partei, allen voran Sebastian Kurz und sein Team, mit meinem Rücktritt völlig überrascht und nahezu überrumpelt.

In dankenswerter Weise hätte er daraufhin die Partei in ihrer schwierigen Lage übernommen. Als dann jene geheimen Unterlagen auftauchten, die zeigten, dass Kurz und seine Vertrauten sich bereits seit mehr als einem Jahr minutiös auf die Übernahme des Parteivorsitzes und der Partei vorbereitet hatten (inklusive Umfragen, Werbekonzepten, Strategiepapieren und Fundraising für einen allfälligen Nationalratswahlkampf), bestritt man das gar nicht, sondern schob als zweiten Erklärungsansatz nach: Ja, wenn er das schon übernehmen musste, sei es wohl klar, dass er sich auch entsprechend darauf vorbereitet hätte. Abgesehen davon war ja für jeden Fernsehzuschauer schon am 14. Mai 2017, als der Übergang von mir auf Kurz im Parteivorstand offiziell besiegelt wurde, frei ersichtlich, dass vom Namen über die neue türkise Parteifarbe bis zum Social-Media-Auftritt alles schon vorlag und nicht ansatzweise improvisiert werden musste.

Für Beobachter stellen sich gleich mehrere Fragen: Sind diese Vorbereitungen mit dem amtierenden Parteiobmann, also mir, abgestimmt worden? Und wenn ja, wann waren sie mit mir abgestimmt worden? Und wer hat formal den Auftrag dazu gegeben? Das alles spräche dann für eine ordentliche, professionelle Vorbereitung, wie man sie sich von einer professionell abgestimmten Partei erwarten könnte. Waren die Vorbereitungen allerdings nicht abgestimmt, dann wäre alles, was im Vorfeld gelaufen ist, systematische Illoyalität. Dann stellt sich allerdings die Frage, wie ich als Parteiobmann damit umgegangen bin. Habe ich mich damit abgefunden? Habe ich etwas dagegengehalten? Wie haben es die anderen Spitzenfunktionäre der Partei hingenommen? Hat es vorher schon, also 2016, einen Versuch der Machtübernahme gegeben? Vieles, was in den letzten Monaten über diese entscheidende Zeit erzählt und geschrieben worden ist, ist aus meiner Sicht anhand der teilweise erst später aufgetauchten Fakten ergänzungswürdig und korrekturbedürftig.

Machtübergaben in einer Partei sind nie eine einfache Sache. Es gibt wenige Beispiele dafür, dass ein amtierender Parteichef einen Nachfolger rechtzeitig aufgebaut hat. Wohl nicht zufällig hat die ÖVP in den Jahren seit ihrer Gründung 1945 siebzehn Parteiobmänner regelrecht verschlissen, ich war der sechzehnte. In den Jahren von 2006 bis 2017, also in knapp zehn Jahren, hat es allein fünf Obmänner gegeben. Und auch die Übergabe von Michael Spindelegger an mich ist nicht gerade gut vorbereitet oder geplant abgelaufen.

Spindelegger selbst übernahm die ÖVP im Jahr 2011 von Josef Pröll und hatte den Mut, den jungen Sebastian Kurz als Staatssekretär für Integration gleich zu Beginn seiner Amtsperiode in seine Regierung zu holen. Nach eher schwierigen Anfängen und viel medialer Kritik entwickelte Kurz sich rasch zum heimlichen Star der ÖVP. Allerdings kandidierte er dann bei den Nationalratswahlen 2013 nicht, wie erwartet, auf der Landesliste in Wien als Spitzenkandidat, um im schwierigen Terrain Bundeshauptstadt ein für Spindelegger passables Wahlergebnis zu erzielen, sondern er führte einen Vorzugsstimmenwahlkampf auf Bundesebene. Prompt schnitt er besser ab als Spindelegger. Das löste in der Partei zwar keine Führungsdiskussion aus, nutzte Kurz jedoch sehr, weil er so ein für sich gewichtiges Ministeramt einfordern konnte. Anfangs war geplant, dass es eine Art Zukunftsministerium mit Umwelt-und Forschungskompetenzen sein sollte, schließlich wurde es dann das Außenministerium. Spindelegger übernahm das Finanzministerium. Ich selber wurde damals, für mich eher überraschend, zusätzlich zu den Agenden als Wirtschaftsminister mit dem Wissenschaftsressort bedacht. Das sorgte an den Universitäten für keine große Begeisterung und forderte mich anfangs sehr. Es galt, das Vorurteil aus dem Weg zu räumen, dass die Wissenschaft in Österreich jetzt ab sofort rein nach kommerziellen Gesichtspunkten ausgerichtet werden würde. Der Bereich Wissenschaft ist mir übrigens sehr schnell besonders ans Herz gewachsen.

Mit der Zeit wurde immer spürbarer, dass Spindelegger im Laufe der Alltagsarbeit seinen Elan verlor. Vor allem über die Sommermonate des Jahres 2014 grundelte die Partei in Umfragen bei unter zwanzig Prozent, und die Funktionäre grummelten vor sich hin. Spindelegger war angetreten, das Land zu entfesseln, aber spätestens bei den Alpbacher Gesprächen im August manifestierte sich einmal mehr eine neue und gleichzeitig altbekannte schwarze Obmanndebatte.

Jeden Dienstag gab es damals einen Jour fixe vor dem Ministerrat. Am 26. August 2014 lud Spindelegger seine Minister eine halbe Stunde früher ein, um uns mitzuteilen, dass er um neun Uhr aus all seinen Funktionen zurücktreten werde. Im Hinausgehen sagte er zu mir: »Und du übernimmst meine Vertretung im Ministerrat.« Er sagte nicht: »Und du machst jetzt den Parteichef und den Vizekanzler«, aber seine Worte bewirkten trotzdem, dass sich plötzlich alle an mir ausrichteten. Ich übernahm die Führung instinktiv, eine Abstimmung darüber gab es jedoch nicht. Sebastian Kurz war beim Jour fixe nicht anwesend gewesen. Gerüchteweise wurde später kolportiert, Spindelegger hätte ihm vorher schon angeboten, seine Funktion zu übernehmen, er hätte jedoch abgelehnt. Jedenfalls rief er mich auf dem Weg vom Jour fixe zum Ministerrat an. Er sagte mir, er sichere mir seine volle Unterstützung zu, er selbst hätte überhaupt kein Interesse an der Funktion und ich solle das machen. Noch auf dem Weg ins Ministerratszimmer riefen mich Journalisten des *Kuriers* und der *Krone* an, und ich versuchte, Fakten zu schaffen. Ich bestätigte, dass es eine rasche und klare Entscheidung bräuchte und ich als Kandidat für die ÖVP-Spitze antreten würde.

Aus meiner Perspektive war es dafür ohnehin schon zwei Jahre zu spät, da ich bereits bei der letzten Amtsübergabe von Josef Pröll an Spindelegger im Jahr 2011 als Kandidat in Diskussionen gewesen war und letztlich nicht zum Zug gekommen war. So wie Spindelegger war auch Josef Pröll am 13. April 2011 überraschend zurückgetreten. Anders als Spindelegger hatte er mir seinen Rücktritt am Morgen telefonisch angekündigt und hinzugefügt, dass man sich über alle anderen Fragen noch entsprechend unterhalten würde. Ich war damals innerhalb der Partei und in der Öffentlichkeit ganz gut positioniert. Ich war an diesem Vormittag bei einer Veranstaltung in der Wirtschaftskammer, als Kammerpräsident Christoph Leitl und ein paar andere darüber zu diskutieren begannen, was wäre, wenn ich mich um das Amt des Parteichefs bewerben würde. Parallel dazu hatten mich Vertreter der Salzburger ÖVP angerufen und gesagt, sie hätten im Klub abgestimmt und würden mich ebenfalls unterstützen. Dann rief mich eine Wiener Funktionärin an und sagte, in Wien gäbe es eine ähnliche Bewegung, das gleiche hatte mir der Obmann einer Teilorganisation berichtet. Rund zwei Stunden später erfuhr ich damals via *Krone* und *Kurier*, dass Michael Spindelegger der designierte Obmann der ÖVP wäre. Damit war alles Weitere dann für mich erledigt. Diese Erfahrung hatte ich im Kopf, als ich zwei Jahre später Spindeleggers Worte »Und du übernimmst meine Vertretung im Ministerrat« auffing.

Ich handelte in dieser Situation einmal mehr instinktiv. Ich wusste auch, dass ich schnell agieren musste. Noch am selben Tag berief ich den Vorstand ein, was richtig war, weil es in der Partei schon wieder die üblichen Begehrlichkeiten aus dem großkoalitionären Frust heraus gab: Minister und Kompetenzen tauschen, die SPÖ unter Druck setzen, vielleicht sogar neu wählen, das Übliche eben. Mir war bald klar, dass das

Finanzminister-Ressort, das Spindelegger innegehabt hatte, für mich nicht infrage kam. Ich hatte bei seinen Vorgängern schon beobachten können, dass die Arbeit als Vizekanzler ziemlich aufwändig war, und holte mir deshalb Harald Mahrer als Staatssekretär ins Ministerium. Ich dachte an zwei Experten als neuen Finanzminister: Hans Jörg Schelling und Gottfried Haber. Aus Niederösterreich kam auch über die Medien starker Druck in Richtung Haber. Er war auch ein bestens qualifizierter Kandidat. Für mich war es eine erste Machtprobe: Setzte ich mich als der kommende Parteiobmann durch? Ich entschied mich für Schelling, im Wissen, dass er mehr Politerfahrung hatte. Es ist wohl richtig, dass der Parteiobmann in der kurzen Phase des Übergangs wahrscheinlich mehr Spielraum hat als danach und diesen auch zu nutzen verstehen muss, gerade in der ÖVP.

Das Buch trägt den Titel *Haltung*. Aber wie halte ich es mit der Vertraulichkeit, wenn ich im Folgenden nun aus internen Sitzungen und von ebensolchen Gesprächen berichte? Es ist an sich nicht ungewöhnlich, dass Politiker im Rückblick bereits vorhandene Quellen wie Meinungsumfragen, Medienberichte, Interviews und Stratgieunterlagen durch eigene Anschauungen, Aufzeichnungen, Terminkalender- und Tagebucheinträge ergänzen. Vor allem dann, wenn die halb oder zur Gänze öffentlichen Quellen zum Verstehen von Ereignissen nicht ganz ausreichen. Genau aus diesem Grund mache ich es auch. Ich will zum besseren Erklären und zur Einordnung beitragen.

Damals führte ich wie mit allen Ministern und Obmännern auch mit Sebastian Kurz ein Gespräch. Es ging darum, Klarheit zu schaffen, wie wir unsere Rollen in den nächsten Jahren bis zu den regulären Nationalratswahlen 2018 aufteilen würden. Kurz galt damals schon als die Zukunftshoffnung der ÖVP, und ich war nun der designierte neue Parteiobmann. Ich wollte eine gute Arbeitsaufteilung, eine gedeihliche Kooperation, die der Partei und uns beiden gleichermaßen nutzte. Ich sagte Kurz also, dass ich vorhatte, meine neue Aufgabe bis zum Jahr 2018 mit vollem Elan auszufüllen und wir dann 2018 beurteilen würden, wer von uns beiden besser positioniert sei, wenn es um die Rolle des Spitzenkandidaten ging. Kurz ging jedoch gar nicht auf diese Frage ein und wollte das Thema komplett offenlassen. Ich kann mir das heute nur so erklären, dass er sich mit einer Festlegung nicht in meine Abhängigkeit begeben wollte. Er baute so vor, dass ich diese Information oder Absicht irgendwo lancieren hätte können. Schließlich hätte er sich damit angreifbar gemacht.

Im Nachhinein zeigte sich, was viele von uns aus dem Alltag kennen: Ein und dasselbe Gespräch kann recht unterschiedlich ausgelegt werden. Aus meiner Sicht hatten wir eine Kooperation bis zum Jahr 2018 besiegelt. Aus Kurz' Sicht hätte ich ihm damals aufgetragen, eventuell als Spitzenkandidat anzutreten. Hätte er mir damals auch nur angedeutet, dass er die Partei schon vor 2018 im Rahmen einer vorverlegten Neuwahl übernehmen wollte, hätte ich die Obmannschaft mit Sicherheit nicht übernommen.

Unser damaliges Verhältnis lässt sich so beschreiben: Wir hatten aus meiner Sicht weder ein Sympathie- noch ein Akzeptanzproblem. Wir kannten einander von internen Parteiveranstaltungen nur lose. Etwas mehr hatten wir miteinander zu tun, als uns die Partei zu einer kurzen Besuchstour im Sommer 2010 nach Kärnten schickte. Wir verstanden uns jedenfalls gut und kooperierten in der Folge auch miteinander. Ich lud ihn dazu ein, einer meiner Stellvertreter in der Partei zu werden. Das nahm er an. Ich wollte durch seine Einbindung auch die Einheit der Partei sicherstellen. Im Oktober 2014 reisten wir gemeinsam mit dem Umweltminister nach China und wurden dort hochrangig empfangen. Der Besuch kam auch medial gut an.

Der Parteitag am 8. November 2014 verlief gut und harmonisch, ich bekam über 99 Prozent der Stimmen. Die Parteifunktionäre hatten ein feines Gespür dafür, wann ein Obmann ein klares Vertrauensvotum braucht. Im Jänner 2015 referierte ich am Bundestag der Jungen ÖVP (JVP) und hatte das Gefühl, dort bestens aufgenommen worden zu sein. Ich war auch sonst nicht untätig, bestellte als Input zur anstehenden Bildungsreform eine hochrangige Expertenkommission mit Leuten wie Christiane Spiel, Andreas Salcher und Markus Hengstschläger. Ich versuchte, den ewigen Konflikt mit den Bundesländern bei den Schulreformen dadurch aufzulösen, dass ich hauptsächlich hochrangige ÖVP-Bundesländervertreter in die Verhandlungsteams nominierte. Für die anstehende Steuerreform waren das die Landeshauptleute Josef Pühringer (Oberösterreich) und Markus Wallner (Vorarlberg), und für die Schulreform Erwin Pröll (Niederösterreich) und Wilfried Haslauer (Salzburg).

Die Umfragen gingen sukzessive nach oben. Die ÖVP lag mit einem Mal in den *Sonntagsfragen* wieder bei 28, ja sogar bei 29 Prozent. Das war auch die Zeit, als ich mit meinem Couleurnamen *Django* von den Medien hochgejubelt wurde. Auch bei der alljährlichen Semesterzeugnisverteilung des Magazins *News* im Februar 2015 erhielt ich die besten Noten. Ich erzähle das, weil es zeigt, wie gut es funktionieren kann, wenn in einer Partei, wie ich auf dem Parteitag auch verlangt habe, wirklich alle an einem Strang in dieselbe Richtung ziehen. Natürlich habe ich mir damals zugetraut, eine Wahl als Spitzenkandidat auch zu gewinnen. Einige Medien und einige Funktionäre spekulierten sogar offen mit Neuwahlen, aber die Vorstellung, Neuwahlen vom Zaun zu brechen, war für mich keine Option. Dazu war mir Wilhelm Molterers vom

Wähler als mutwillig empfundenes »Es reicht«, mit dem er die Große Koalition im Jahr 2008 aufgekündigt hatte und dann bei den Wahlen gescheitert war, einfach noch zu gut in Erinnerung.

In dieser Stimmung war ich motiviert, Gesetze und Reformen anzugehen, die auch meiner eigenen Partei etwas abverlangten. So begann ich, die künstliche Fertilisation oder ein generelles Rauchverbot auf den Weg zu bringen. Gerade beim Thema künstliche Fertilisation führten wir im erweiterten Parlamentsklub niveauvolle und intensive Diskussionen und zeigten, obwohl wir den Gegenwind der Amtskirche verspürten, dass wir als Partei durchaus in der Lage waren, gesellschaftspolitisch auch liberal und offensiv zu agieren. Beim Raucherthema ging es dafür sehr emotional zu, vor allem Branchenvertreter und die FPÖ argumentierten mit der Eigenverantwortung von Betrieben und Konsumenten. Genau hier, und das war mir klar, lag jedoch auch das Problem. Passives Mitrauchen ist sehr oft und vor allem für Mitarbeiter nicht vermeidbar. Wir zogen also gemeinsam mit der viel zu früh verstorbenen SPÖ-Gesundheitsministerin Sabine Oberhauser die Reform durch. Drei Jahre später nahm die Regierung Kurz das Verbot wieder zurück. Der große Applaus blieb allerdings aus, weil in der Zwischenzeit fast alle die Vorteile des Verbotes begriffen und damit zu leben gelernt hatten.

Das Rauchverbot in Verbindung mit der Steuerreform brachte allerdings den ersten Dämpfer für mich. Skurrilerweise machten mir genau jene die meisten Probleme, die ich am besten zu kennen geglaubt hatte: die Unternehmer. Nicht alle, jedoch die in Tourismus und Gastronomie. Weshalb? Die Verhandlungen zur Steuerreform waren schon deshalb ein Problem, weil wir aufgrund der Budgetlage zumindest teilweise eine Gegenfinanzierung brauchten. Die Sozialdemokraten schlugen eine Erbschafts- und / oder Vermögenssteuer vor.

Wir lehnten ab. Was wollt ihr dann, war die Gegenfrage. Also brachten wir die Optimierung der Steueraufbringung ein, es blieben jedoch noch immer 300 Millionen unbedeckt. Ich schlug vor, die Überstundenbegünstigung von zehn wiederum auf fünf Stunden zu reduzieren. Das hatten wir 2008 ohne Not beschlossen. Alle lehnten ab. Also einigten wir uns auf einen Kompromiss: drei Prozent höhere Umsatzsteuer für Tourismusbetriebe auf der einen Seite. Die Gegenseite, also die Unternehmen, die eher dem sozialistischen Kulturbereich zuzuordnen waren, mussten höhere Abgaben auf Theater- und Kinotickets schlucken. Sie verschmerzten das ohne große Probleme. Aber im Wirtschaftsflügel der VP entstand ein Riesenaufstand. Die drei Prozent waren natürlich kein Drama und wurden letztlich auch an den Konsumenten weitergegeben, jedoch von mir als Wirtschaftsminister hatte man offenbar einen Bonus und nur einen solchen erwartet. Da half es dann auch nichts, dass ich ein Gesetz durchsetzte, das den Spielraum gegen Buchungsplattformen erweiterte, was Vorteile im weit größeren Prozentbereich eröffnete.

Genauso war es mit der Einführung der Registrierkassenpflicht. Sie wurde als pauschale Verdächtigung verunglimpft, das war jedoch, wenn man sich das unterdurchschnittliche Steueraufkommen im internationalen Vergleich aus diesen Quellen ansah, einfach nicht haltbar. Dass es dann bei der Umsetzung durch das Finanzministerium zu technischen und kommunikativen Problemen kam, war natürlich auch nicht hilfreich. Alles in allem ging diese Steuerreform mit immerhin einem Volumen von rund sechs Milliarden Euro in der Öffentlichkeit unter, und weder die ÖVP noch die SPÖ konnten davon großartig profitieren. Auch wenn sie wirtschafts- und konjunkturpolitisch entsprechende Impulse brachte, wie uns Wirtschaftsforscher später bestätigten. Bei einem Anstieg des Lohnsteueraufkommens von sieben Prozent

alleine im Jahr 2018 ist das eigentlich drängende Thema zu-
künftiger Steuerreformen sowieso eine Automatik gegen die
kalte Progression.

Die Stimmung erhellte sich am Parteitag vom 15. und
16. Mai 2015 wieder deutlich. Es war, was Stimmung und Diskussion des neuen Programms anbelangte, einer der besten
Parteitage überhaupt: offen, spannend, inhaltsreich. Der Parteitag war als offener Diskussionsparteitag angelegt. Die Medien
berichteten über einen inhaltlichen Konflikt, um die Frage der
Ausweitung der direkten Demokratie, es ging auch um das
Verhältniswahlrecht. »Effizientere Parteistrukturen, direkte
Mitbestimmung, mehr Frauen in der Politik durch Reißver-
schlusssystem und aktive Beteiligung für alle Bürgerinnen
und Bürger«, so lobte der Parteipressedienst damals das neue
Parteistatut. Unterging, dass in den damals beschlossenen,
neuen ÖVP-Parteistatuten auch die Variante einer Wahlplatt-
form festgehalten worden war. So eine Plattform hatte nur
dann einen tieferen Sinn, wenn jemand damals schon die
Überlegung angestellt hatte, über die konservative Altpartei
ÖVP hinaus andere Gruppen in eine Wahlbewegung einzubinden. All das wurde übrigens von Generalsekretär Gernot
Blümel vorbereitet, der Prozess, der mit einem neuen Programm
abgeschlossen wurde, nannte sich *(R)Evolution Volkspartei.*

Kurz zuvor, in April 2015, bat mich Sebastian Kurz, ihn
als neuen Präsidenten der Politischen Akademie zu bestellen,
damit er dort die Zukunftsfragen inhaltlich managen könne.
Die Entscheidung beziehungsweise der Vorschlag, wer unsere Nachwuchs- und Ausbildungsstätte managte, oblag mir
als Parteiobmann. Ich bestellte ihn also zum neuen Präsidenten. Ich hatte kein Problem damit, dass er sich damit für
die Zukunft inhaltlich positionieren wollte, weil ich davon
ausging, dass er alle Zukunftsschritte mit mir abstimmen
würde. Damit war er nicht mehr nur Chef der Jungen ÖVP,

sondern auch im Personalentwicklungsthinktank der Partei verankert.

Dann kamen die Wiener Gemeinderatswahlen 2015. Noch in der Wahlnacht, am 11. Oktober, nach schweren Verlusten und dem Rücktritt des damaligen Wiener ÖVP-Chefs Manfred Juraczka – er war ein Opfer der Taktik der »Verlorenen Stimme« – folgte ihm Gernot Blümel nach. Er teilte mir mit, dass die Einladung an ihn gegangen wäre, er solle neuer Wiener ÖVP-Chef werden. Ich beziehungsweise die Partei verlor dadurch den Generalsekretär.

Nach der verpatzten Steuerreform war die Bundespräsidentenwahl im Jahr 2016 der nächste große Dämpfer für mich. Das lange Zögern des Niederösterreichischen Landeshauptmanns Erwin Pröll, ob er nun als Kandidat antreten würde oder nicht, blockierte den Aufbau anderer potentieller Kandidaten und schadete letztlich auch meiner Autorität als Parteiobmann. Prölls definitive Entscheidung, nicht anzutreten, fiel Mitte Dezember 2015. In den Weihnachtsfeiertagen wollte ich das aber nicht kommunizieren, weil es nur Unruhe gebracht hätte. Außerdem wollte es niemand wirklich glauben, weil in den Medien immer wieder über die Feiertage lancierte Meinungsumfragen auftauchten, die ihm gute Werte und sehr gute Chancen gaben. All das führte dazu, dass der ÖVP-Präsidentschaftskandidat Seniorenbundobmann Andreas Kohl, der fachlich unbestritten beste Kompetenzen hatte, im Endeffekt nur als Kompromisslösung gesehen wurde und die Partei auch nicht entsprechend mobilisieren konnte. Aber da ging es dem Koalitionspartner SPÖ auch nicht besser. Das Image der Koalition war am Tiefpunkt angelangt, ich wage zu bezweifeln, ob ein gemeinsamer Kandidat gewonnen hätte. Und die Variante, die Richterin Irmgard Griss auf einem gemeinsamen großkoalitionären Ticket kandidieren zu lassen, hätte ihren Nimbus als unabhängige Kandidatin geschwächt.

Die politische und innerparteiliche Situation war im Frühjahr 2016 also eher durchwachsen. Ich fühlte mich zunehmend aufgerieben von der Tagesarbeit. Die Mehrfachbelastung durch Koalition, Partei und ein großes Fachministerium nahm mich voll und ganz in Beschlag und zeigte Wirkung. Was ich dringend benötigt hätte, wäre eine Kraftquelle gewesen, in diese Phase fiel jedoch auch der Beginn der schweren Erkrankung meiner ältesten Tochter aus einer früheren Beziehung, die ab dem Sommer 2015 immer mehr meine Unterstützung brauchte. Natürlich entging es mir nicht, dass, während ich alle Hände voll mit der politischen Alltagsarbeit zu tun hatte, die Umfragewerte des Außenministers linear nach oben gingen. Eine ähnliche Situation hatte ein wenig später mein Kollege Sigmar Gabriel von der SPD in Deutschland. Als Vizekanzler geriet er trotz einiger Erfolge bei CETA, Mindestlohn und Präsidentenwahl wegen schlechter Umfragewerte in die Situation, dass Martin Schulz zum Kanzlerkandidaten bestimmt wurde. Gabriel übernahm die Rolle des Außenministers und hatte nach fünf Wochen schon bessere Werte als Schulz. Das kann auch an Schulz gelegen sein, aber generell ist die Rolle des Außenministers eine ausbaufähige.

In all den Monaten bis zum März 2016 gab es auf Regierungsebene und innerhalb der ÖVP aber keinen wirklich großen Konflikt. Man ließ mich im Großen und Ganzen arbeiten. Dass das Jahr 2016 letztlich zu einem der aufregendsten und intensivsten in der jüngeren österreichischen Geschichte werden würde, überrumpelte alle. Wir erlebten Präsidentschaftswahlen, die zuerst aufgehoben, dann verschoben wurden, sodass sie das Land mehr als ein halbes Jahr beschäftigten. Am 24. April wurde das erste Mal gewählt, am 22. Mai erfolgte die Stichwahl, die am 4. Dezember wiederholt wurde, nach dem sie ursprünglich für den 2. Oktober angesetzt worden war. Das Land war ohne formal neu bestellten Bundespräsidenten politisch wie eingefroren. Ausgerechnet in dieser schwierigen Phase trat Bundeskanzler Werner Faymann zurück, und Christian Kern wurde zu seinem Nachfolger bestellt. Das alles löste permanent Unruhen und Debatten aus, ohne dass eine der Parteien tatsächlich mit Neuwahlen spekulieren konnte.

Mit der ÖVP-Klubklausur in Bad Leonfelden im Jänner 2016 kam bekanntlich Bewegung in das Flüchtlingsthema. Werner Faymann und ein Teil der Basis drehten daraufhin die Linie und wurden restriktiver. Das wurde dem Kanzler von linken Kreisen und Teilen der Wiener Funktionäre übelgenommen. Dazu kam der Misserfolg bei der Präsidentenwahl. Er wurde mit Pfiffen am 1. Mai immer mehr Richtung Rücktritt getrieben. Ein Führungswechsel und eventuelle Neuwahlen lagen in der Luft. Was aber, wenn es keine unmittelbaren Neuwahlen geben würde und sich ein neuer unverbrauchter Bundeskanzler einmal positionierte? Dann bestand die reale Gefahr, dass bei einem späteren Wahlerfolg der optionale Zukunftskandidat in der Etappe verblasste. Es muss sich angesichts dieser Entwicklung fast so etwas wie Panik im Kurz-Team verbreitet haben, denn plötzlich vergaß man jede Vorsicht und wagte sich ohne Rücksicht auf Verluste aus der Deckung. Man beauftragte im März 2016 eine Umfrage bei Meinungsforscher Franz Sommer, um die Wahlchancen bei allfälligen Nationalratswahlen unter einem Spitzenkandidaten Kurz auszuloten. Die Studie ergab, dass die ÖVP mit Kurz um 15 Prozent besser abschneiden würde. Mit diesem brisanten Ergebnis klapperte Kurz die Bünde und Parteiobmänner ab, um Unterstützung für Neuwahlen zu suchen. Ob er alle anfragte, weiß ich nicht, mit Josef Pühringer aus Oberösterreich hat er sicher nicht gesprochen, weil Letzterer mir zu nahestand. Die Mehrheit der Landeshauptleute zögerte offensichtlich und riet ab. Molterers Niederlage hatten noch alle in Erinnerung. Man glaubte, es wäre einmal mehr die FPÖ, die bei Neuwahlen profitieren und vielleicht sogar Nummer eins werden würde. Zu diesem Zeitpunkt kannte man auch schon das Ergebnis des FPÖ-Präsidentschaftskandidaten Norbert Hofer, der beim ersten Wahldurchgang am 24. April 35 Prozent erreicht hatte.

Dann kam der 9. Mai 2016. Dieser Tag verkomplizierte die Situation und den Gang in Neuwahlen. Faymann legte ja nicht nur seine Funktion als SPÖ-Parteiobmann zurück, sondern auch die als Bundeskanzler. Das führte zu der prekären Situation, dass Bundespräsident Heinz Fischer mich am selben Tag in sein Büro holen ließ und mich mit dem geschäftsführenden Wahrnehmen der Agenden des Bundeskanzlers betraute. Ein paar Stunden zuvor, genau am Montag um 11.30 Uhr, war ich im Reichratssitzungssaal bei einer Gedenkveranstaltung gesessen und war gebeten worden, ins Regierungssitzungszimmer im Parlament zu kommen. Am Telefon war Werner Faymann gewesen, der mich darüber informiert hatte, dass er zurücktreten würde. Mit einem Mal gab es weder einen Bundeskanzler noch einen angelobten neuen Präsidenten. Wir schrammten haarscharf an einer Staatskrise vorbei. Irgendwie war ich auf einmal so etwas wie ein stabilisierender Faktor. Hätte es in der ÖVP noch einen Aufstand gegeben, etwa gegen mich, hätten wir ein noch nie dagewesenes Wirrwarr in der Geschichte der Zweiten Republik gehabt. Wer wäre dann unterschriftsberechtigt gewesen? Wer hätte dann regiert? Rasch sprach sich herum, dass der neue Bundeskanzler Christian Kern heißen könnte. Die SPÖ machte Dampf, um das Problem schnell zu lösen.

In der ÖVP gab es daher natürlich massiven Gesprächsbedarf. Deshalb trafen wir uns am 10. Mai zu einem Parteivorstand in Salzburg. Damals wussten wir noch nicht, dass die Bundespräsidentenwahl vom Verfassungsgerichtshof aufgehoben worden war und wiederholt werden würde. Und wir sahen uns mit einem sehr populären neuen SPÖ-Chef konfrontiert. Selbst Neuwahlen vom Zaun zu brechen, war aufgrund der neuen Situation kein Thema mehr. Keiner redete mehr vom Aufkündigen der Koalition. Nicht wirklich einig waren wir uns, wie wir jetzt mit Kern umgehen sollten. Kooperativ? Kritisch? Im Wesentlichen ging jeder anders vor, die einen begrüßten und lobten Kern wie etwa ein Landeshauptmann aus dem Westen, die anderen meinten, es sei notwendig, Krieg gegen Kern zu führen. So erschien schnell ein alter Rechnungshofbericht mit Vorwürfen gegen Kern während seiner Tätigkeit als ÖBB-Boss in den Medien, und in der Gratiszeitung *Heute* tauchte die allenthalben bekannte Geschichte über Kerns teure Uhren auf. Das kam nicht einmal bei seinen eigenen Leuten gut an.

Natürlich war Kurz' Vorgehen im Vorfeld der Sitzung für mich als Anlass ausreichend, um eine Aussprache einzufordern. So konnte das nicht weitergehen. Ich bestellte ihn für den nächsten Tag zu mir. Offensichtlich beseelt vom Ziel, nicht zuzulassen, dass Kern sich etablierte, war er erstaunlich offen. Er stritt die Meinungsumfrage gar nicht ab. Auch nicht, dass er im Vorfeld Gespräche mit einigen Landeshauptleuten geführt hatte. Er sagte, er sei darum gebeten worden. Von wem genau, sagte er jedoch nicht. »Es gibt Leute …« Im Endeffekt bestätigte er klar, dass es sein Ziel sei, die Koalition zu sprengen. Die Rolle des Sprengmeisters solle ich übernehmen, weil ich eine gewisse Glaubwürdigkeit hätte. Es könne jetzt nicht so weitergehen und es bräuchte eine Neuformierung der Kräfte.

Kurz hatte das *Grand Design* im Mai 2016 schon im Kopf, das er dann im Jahr 2017 auch umsetzte. Ich sollte für ihn die Koalition aufkündigen und den Schwarzen Peter nehmen, damit er unbefleckt in Neuwahlen gehen könne. Ich fragte ihn natürlich, wo er meine Rolle in der Zukunft sähe. Das hätte er sich noch nicht überlegt, wich er aus. Ich könne es mir dann aussuchen, Parlamentspräsident oder etwas Ähnliches. Ich verwarf das nicht von vornherein. Nach kurzer Zeit rief ich ihn jedoch an und sagte ihm sinngemäß: »Wenn ich den Koalitionsbruch provoziere und es geht schief, hält mich jeder in der Partei für einen Wahnsinnigen. Wenn wir die Wahlen verlieren oder wieder Zweiter werden, die Konstellation also gleichbleibt oder wir gar nicht mehr in der Regierung sind, genauso. Gewinnst du tatsächlich und ist richtig, was du sagst, dann bleibt über, dass du der Sieger bist, der Mitterlehner aber der Sprengmeister war. Also was soll das für eine Option sein?«

Kurz sagte, er verstünde das und akzeptiere es. Aber ich sei ab jetzt mit meinen Problemen alleine und müsse die volle Verantwortung tragen. Er würde die Rolle des Außenministers wahrnehmen und sonst nichts. Ich antwortete, das sei auch meine Aufgabe als Vizekanzler und Parteiobmann, aber ich würde mir die entsprechende Unterstützung meiner Minister – auch seine – erwarten. Das war der endgültige Bruch.

Natürlich blieb Kurz nicht bei seiner Rolle als Außenminister. Allerdings wurde das Projekt Machtübernahme schwieriger, da sich bis in die Öffentlichkeit rasch herumgesprochen hatte, dass ich mich mit Kern gut verstand und wir offensichtlich auch etwas weiterbringen wollten, sollte die Regierung keinen Erfolg einfahren. Das hätte die Regierung gestärkt. Das gleiche galt für mich, ich sollte als Vizekanzler und als Parteiobmann offensichtlich mürbe gemacht werden, so erschien in der *Kronen Zeitung* am 21. August 2016 auf Seite zwei ein Artikel, in dem stand, der Parteiobmann – also ich – sei demnächst Geschichte. Das Zentralorgan des Wandels war eine andere Boulevardzeitung, in deren Innenpolitikrubrik regelmäßig negative Geschichten lanciert wurden. Teilweise frei erfunden. So laufen halt Intrigen. Geradezu empört hat mich dann schon, dass mich ein Landeshauptmann am Rande der

Finanzausgleichsverhandlungen im November 2016 anrief und mir sagte: »Du, der Sebastian sagt allen: ›Bitte, nichts zum Thema Mindestsicherung abschließen, das ist für später ein gutes Wahlkampfthema.‹« Ich hatte damals mit Gesundheitsminister Alois Stöger (SPÖ) verhandelt und unter Einschaltung mehrerer Landeshauptleute eine Einigung zum Thema Mindestsicherung so gut wie fertig vorliegen.

Dass die eigene Arbeit kritisiert oder schlecht geredet wird, ist für einen Parteiobmann eine fast alltägliche Erfahrung, vor allem dann, wenn andere Interessen ins Spiel kommen. Dass die eigene Arbeit jedoch schon in der Entstehung torpediert wird, damit Erfolg nicht einmal ansatzweise entstehen kann, war ein Novum. Dabei ging es dann auch nicht mehr um einen Wettstreit der besseren Ideen, sondern um nichts anderes als um Macht, also darum, wer über Personen und Ressourcen entschied.

Zu diesem Zeitpunkt liefen auch schon die systematischen Vorbereitungen des Teams Kurz für den Tag X – den Tag, an dem er die Führung der ÖVP übernehmen und in Neuwahlen gehen würde. Anhand der Strategiepapiere, die im Sommer 2017 in der Wiener Wochenzeitung *Falter* veröffentlicht wurden, lassen sich seine Aktivitäten sehr gut rekonstruieren. Sie trugen den Titel »Projekt Ballhausplatz« und »Projekt BPO« (BPO steht für Bundesparteiobmann) und enthielten nicht nur genaue Überlegungen für den Weg an die Spitze der ÖVP, sondern auch für das erste Halbjahr danach. Für Kurz schien immer klar gewesen zu sein, dass, übernahm er die Parteispitze, binnen eines halben Jahres gewählt werden musste. Nur so ließe sich der Schwung des Neuen mitnehmen und Kapital daraus schlagen. Auch dass Kurz, sobald er ÖVP-Chef war, keinesfalls als Vizekanzler in der großen Koalition dienen wollte, hatten er und sein Team schon damals festgelegt. Eindeutig war auch geregelt, dass nur Kurz der Star der Wahlkampagne sein durfte, alle anderen hätten sich ihm unterzuordnen, und zwar als »Jünger«, wie sie in einem Papier in Anlehnung an die Bibel bezeichnet wurden.

Schon damals hatte Kurz sich auch auf seine Rolle im »Projekt BPO« als »höflicherer Strache« festgelegt. Er wollte FPÖ-Themen übernehmen, diese aber weniger aggressiv ansprechen und für ein breites Publikum akzeptabel machen. Diese letztendlich wahlentscheidende und erfolgreiche Strategie ist in den internen Papieren bereits im Juni 2016 festgehalten worden, also kurz nach unserer entscheidenden Aussprache. »FPÖ-Themen, aber mit Zukunftsfokus« wird darin als Grundlinie ausgegeben, es bräuchte den »Wählerversteher«, eine Rolle, die Strache perfekt beherrschte. Es ginge darum zu kopieren, was funktionierte. Nach diesem Motto setzte Kurz auch sehr früh darauf, parallel zur Partei eine sogenannte Bewegung aufzubauen, wie es Emmanuel Macron in Frankreich im Sommer 2016 vorgemacht hatte. Vertraute von Kurz produzierten damals nicht nur seitenlange Themensammlungen für ein neues Parteiprogramm, sie legten auch umfangreiche Listen mit den Handynummern und E-Mail-Adressen der Wirtschafts- und Kulturelite der Republik an, die für Sponsoring, Wahlkampfspenden und ein späteres Prominentenkomitee gedacht waren.

Natürlich kannte ich im zweiten Halbjahr 2016 den hohen Grad und Umfang der Vorbereitungen hinter meinem Rücken nicht. Dennoch hatte sich im Laufe des Sommers 2016 natürlich auch zu mir durchgesprochen, dass der potentielle nächste ÖVP-Spitzenkandidat schon in halb Österreich Meetings abhielt, um sein Programm vorzustellen und Spenden zu sammeln. Ich war schließlich das neunte Jahr Wirtschaftsminister und kannte Österreichs Unternehmerszene bestens. Im August 2016 rief mich ein Teilnehmer bei einer Schlossfeier in Reifnitz in Kärnten an und erzählte mir, er und andere seien als Spender für einen Kurz-Wahlkampf angefragt worden. Einmal informierte mich ein Landeshauptmann, ferner Unterstützer, einmal sogar ein Spender, der immerhin meinte, er hätte mir ja sonst auch für meinen Wahlkampf gespendet. Aus Oberösterreich wurde ich gleich mehrfach angesprochen, inklusive vom einladenden Bankdirektor auf Sponsoren-Rallyes von Kurz. Das gleiche geschah auf medialer Ebene, und viele mir freundlich gestimmte oder einfach nur objektive Journalisten fragten mich, ob ich denn die ziemlich offen geführten Vorbereitungen in Richtung Umsturz nicht mitbekommen hätte.

Ab Mitte Mai 2016, also kurz nach dem Parteivorstand in Salzburg, bei dem beschlossen worden war, die Koalition fortzuführen, begannen Kurz und sein engster Vertrauter Stefan Steiner mit der ehemaligen Präsidentschaftskandidatin Irmgard Griss und Matthias Strolz von den NEOS über eine gemeinsame Wahlbewegung für vorzeitige Neuwahlen zu verhandeln. Diese Gespräche kannte ich persönlich nur aus Medienberichten. Im Nachhinein wurden diese Begegnungen von Kurz als unbedeutende Episode abgetan, aber das waren sie nicht. Kurz wäre tatsächlich bereit gewesen, nicht nur seine Partei, sondern auch viele ihrer ideologischen Grundsätze hinter sich zu lassen, um eine noch bessere Ausgangsbasis bei den nächsten Nationalratswahlen zu haben.

Von Mitte Mai bis zum 10. August 2016 liefen die Verhandlungen, die auf Mitarbeiterebene von Milo Tesselaar (damals Kampagnenmanager von Irmgard Griss, danach Wahlkampfleiter der Liste Pilz), Stefan Steiner (damals Sektionschef im Außenministerium, ab 2017 ÖVP-Geschäftsführer) und Feri Thierry (damals NEOS-Bundesgeschäftsführer, heute Politikberater) geführt wurden. Irmgard Griss, Sebastian Kurz und Matthias Strolz trafen einander dreimal. Die Annäherung sollte in drei Stufen erfolgen, auf inhaltlicher, technischer und logistischer Ebene. Aus den Besprechungsunterlagen, die ebenfalls dem *Falter* zugespielt wurden, zeigte sich damals schon, wie Kurz es verstand, Positionen seiner Gegenüber zu übernehmen und als seine eigenen Ideen zu verkaufen. Das Projekt »GSK« (Griss / Strolz / Kurz) platzte, noch bevor man zu den Themen Technisches und Logistisches kam, es also ans Eingemachte ging, an der Verteilung von Mandaten und Ministerposten.

Nur eines findet sich übrigens in all den Masterplänen, Diagrammen und Tabellen nicht: ein Regierungsprogramm oder gar ein Fünfjahresplan für die nächste Legislaturperiode. Die Strategiepapiere dokumentieren nur die technokratischen Schritte, die es braucht, um zu gewinnen: Events, Werbemaßnahmen, Kommunikation, Management, Gegnerbeobachtung.

Gleichzeitig gab es meines Wissens während dieser Phase auch Gespräche mit FPÖ-Chef Heinz-Christian Strache, zumindest über Kooperationsmöglichkeiten. Kurz wollte demnach alle Möglichkeiten austesten. Als ich ihn Anfang 2016 bei der wöchentlichen Ministerratsvorbereitung in der VP-Ministerrunde darauf ansprach, wiegelte er ab und meinte, da sei es um die Lage in Wien gegangen und die Frage einer Koalition dort. Aber ganz so simpel war es nicht, schließlich hatte ÖVP-Klubobmann Reinhold Lopatka schon in den Monaten davor versucht, Mandate anderer Parteien für die ÖVP abzuwerben und eine bürgerliche Mehrheit zu basteln. Mit den Ex-Stronach-Abgeordneten Rouven Ertlschweiger, Marcus Franz und Kathrin Nachbaur war ihm das auch gelungen. Mir wurde jedoch signalisiert, dass die FPÖ diesen Avancen nicht unbedingt positiv gegenüberstünde, weil sie davon ausging, bei Wahlen mehr zu profitieren als bei solchen taktischen Wechselspielen.

Ja, und dann gab es noch die Steinbrück / Gabriel-Variante. Die wurde mir gar nicht von Kurz serviert, sondern vielmehr von einem früheren Parteiobmann. Kurz sollte wie damals Peer Steinbrück kandidieren, während Sigmar Gabriel – in der österreichischen Version als ich – Obmann bliebe. Die Variante hätte den Vorteil einer geeinten Partei und böte eine Rückfallposition, würde der Spitzenkandidat nicht gewinnen. Früher oder später sind dabei jedoch Unstimmigkeiten wahrscheinlich. Die Variante spielte dann auch keine Rolle.

Zurück zum chronologischen Ablauf: Im August 2016 schlugen einige Berater dem Bundeskanzler Kern wohl vor, er müsse Kurz im Themenfeld Außenpolitik Paroli bieten. Kern verlangte daher eine kritische Linie der EU gegenüber der Türkei, und zwar bis zum Abbruch der Verhandlungen. Ich hielt das im Hinblick auf unsere Wirtschaftsinteressen und auch auf Fragen wie die der Ausgrabungen in Ephesos für falsch. Warum sollten wir die Türkei so brüskieren? Die Verhandlungen stockten ohnehin. Warum sollten wir jedoch Verbindungen und Gesprächskanäle mutwillig einfach abbrechen? Ich hätte das gleich kommentieren können, wollte aber nicht ohne Abstimmung in die Kompetenz des Außenministeriums eingreifen. Wir kontaktierten das Büro von Kurz und wollten eine differenzierte Abgrenzung von Kern. Das würde man nicht als die gebotene Aufgabe betrachten, kam es von dort zurück. Wenig später forderte Kurz den Totalabbruch der Verhandlungen zwischen der EU und der Türkei. Wir hatten also zugleich Regierungsarbeit und Wahlkampf, in dem Kern und Kurz einander gegenseitig genau diesen Vorwurf machten und eigene Aktivitäten damit begründeten. Die EU war natürlich über diese national motivierten Ausritte nicht begeistert.

Mittlerweile hatte die Positionierung von Kurz in der Öffentlichkeit, auch durch einen Event für Unternehmer und Manager in Alpbach im August 2016 und andere Aktivitäten, so an Fahrt gewonnen, dass er selber zurückrudern musste.

Das zu offen bekundete Machtstreben stieß vermutlich da und dort auf Widerstand. Noch immer gab es keinen gewählten Präsidenten, jedoch einen gewählten Parteiobmann. Es lag auf der Hand, dass ein offen geführter Kampf um den Parteivorsitz das mir zuzurechnende Lager – wie groß es zu diesem Zeitpunkt auch immer noch sein mochte – im Hinblick auf Wahlen jedenfalls schwer vergrämt hätte.

Die Klarstellung mit Hinweis auf den gewählten Obmann kam dann in Alpbach am Tag meines Sommergespräches am 29. August im ORF. Dazu schrieb der *Standard* am selben Tag noch: »›Nein, es reizt mich nicht!‹, versicherte Außenminister Sebastian Kurz, gerade dreißig geworden, zu seinen Ambitionen in die Kamera am Rande eines Treffens in Alpbach, und: ›Ich habe wenig Freude mit solchen Personaldiskussionen.‹« Mehr als die Hälfte des Sommergespräches widmete der ORF allerdings in der Folge genau diesen Spekulationen, meine Nachfolge betreffend.

Ich hatte mich mittlerweile entschieden, mich für den von den Grünen, der SPÖ, den Neos und Teilen der ÖVP unterstützten Kandidaten Alexander Van der Bellen auszusprechen, nicht als Wahlempfehlung der Partei, sondern als meine persönliche, aber offengelegte Entscheidung. Damals wurde kurz vor dem Wahltag am 4. Dezember das Gerücht gestreut, dass ich zurücktreten würde, weil nicht Van der Bellen, sondern der von der FPÖ und Teilen der ÖVP unterstützte Kandidat Norbert Hofer das Rennen machen würde. Ich wurde damals vom *Kurier*-Chefredakteur Helmut Brandstätter darauf angesprochen, der behauptete, das von einem italienischen Journalisten gehört zu haben. Van der Bellen gewann, überraschend klar sogar. Die FPÖ-Spitze regte sich über mich noch am Wahlabend massiv auf. Ihre Kritik stärkte meine Position dann überraschenderweise kurzzeitig innerhalb der ÖVP. In meinem Wahlkreis, im Mühlviertel, das zuvor Hofer-Land war, drehten sich die Ergebnisse um. Meine Wahlbezirke stimmten damals knapp für Van der Bellen.

Von all dem, was bis Mai 2016 hinsichtlich Machtübernahme geplant und vorbesprochen worden war, wusste ich nichts. All das, was von Mai 2016, also vom Zeitpunkt des Rücktritts von Werner Faymann, bis Januar 2017 von Kurz und seinen Vertrauten unternommen worden war, war nicht mit mir abgesprochen worden. Ich fühlte mich schon damals als Platzhalter, den man werken ließ, bis man die Stunde der Übernahme für günstig hielt. Dass Kern so schnell auftauchte, verkürzte diese Phase.

Natürlich war in dieser Situation der psychische Druck, dem ich ausgesetzt war, entsprechend groß. Dennoch wollte ich nicht so einfach kapitulieren. Die Aussicht, mit Kern noch politische Reformen realisieren zu können, motivierte mich selbst in dieser Phase dazu, nicht einfach alles hinzuschmeißen. Als Mühlviertler mit einer geraden Einstellung wollte ich mir auch das Mobbing schlicht und ergreifend nicht gefallen lassen.

Die Partei und ihre Spitzenfunktionäre müssen fast alle Bescheid gewusst haben, die Entwicklung war beklemmend. Die meisten ließen die Sache einfach laufen, taten aktiv nichts dafür, aber auch nichts dagegen und wollten weder illoyal sein, noch es sich mit dem zukünftigen »Trumpfass« (Copyright Hermann Schützenhöfer, steirischer Landeshauptmann) verscherzen. So wirklich neutral oder passiv war es dann doch nicht, weil zwei Bundesländer 2018 Landtagswahlen hatten und schon aus diesem Grund, um ihre Chancen zu erhöhen, vorgezogene Nationalratswahlen wollten. Als Begründung musste seitens der Länder die EU-Präsidentschaft herhalten. All das führte zu zunehmender Unruhe in der Partei. Einige sahen schon die Gefahr einer Spaltung.

Beim ÖVP-Parteivorstand am 4. September sprach ich dann das erste und einzige Mal offen in großer Runde das Verhalten von Kurz an und stellte klar, dass das so nicht ginge, weil es mich desavouierte, gerierte er sich doch schon als nächster Parteichef und akquirierte bei Veranstaltungen Sponsoren für sich. Ganz abgesehen davon, machte das schließlich das Arbeiten in der Koalition naturgemäß nahezu unmöglich. Kurz war anwesend und rechtfertigte sich sinngemäß: Wir würden in dieser Koalition untergehen, Kern bereite sich schon auf Wahlen vor, außerdem würde er ausspioniert von Silberstein und Co., sein Wohnhaus würde fotografiert werden und niemand ihm helfen. Dann sagte er noch: »Wenn ich das [die Wahlen] aber machen soll, dann muss ich ja was tun.«

Das war das erste Mal, dass offen darüber gesprochen wurde, wie es um die Nachfolge in der Partei stand – oder stehen könnte. Die Stimmung war indigniert, alle waren peinlich berührt, weil es zu diesem Thema ja nie einen formalen oder inhaltlichen Beschluss der Partei gegeben hatte. Es hatte keine Vorentscheidung gegeben, rein gar nichts. Es schwebte bloß irgendwo im Raum. »Die beiden müssen das einmal miteinander ausreden«, hieß es dann.

Das hatte ich schon vorher probiert. Am 26. August 2016 war ich nach dem Begräbnis des Freistädter Bürgermeisters nach Wien zurückgefahren, um mich mit Kurz in meinem Büro zu treffen. Es war, rückwirkend betrachtet, das schlechteste Gespräch, geprägt von gegenseitigen Vorwürfen. Wir standen am Ende inhaltlich dort, wo wir schon am 11. Mai desselben Jahres gestanden waren. Die Vorstandssitzung vom 4. September war übrigens neben jener vom 30. Jänner 2017 die Einzige, deren Inhalte wenige Zeit später nicht in der Zeitung *Die Presse* auftauchten.

Im Jänner 2017 kam es dann zu einer schweren Koalitionskrise, diesmal ausgelöst durch Christian Kern, der zuerst eine

Rede in Wels hielt, die er *Plan A* nannte. Ich weiß bis heute nicht sicher, ob er damals nur unsere Klubklausur in der Steiermark konterkarieren wollte oder einen Plan für Neuwahlen verfolgte. Möglicherweise wusste er selbst es ja auch nicht. Jedenfalls heizte sein *Plan A* Neuwahlspekulationen erneut an und machte das Lager um Kurz extrem nervös. Das wäre aber der schlechteste Zeitpunkt für Neuwahlen gewesen. In der Partei war man nicht wirklich vorbereitet und Kurz mental eher mit dem OSZE-Vorsitz beschäftigt, den Österreich für ein Jahr seit Jänner innehatte.

Dann forderte Kern auch noch, das Regierungsprogramm nachzuverhandeln. Er wollte einen *Relaunch* und setzte ein Ultimatum bis Freitag 27. Januar 2017, um zu sehen, ob die ÖVP arbeitsbereit sei. Viele Beobachter fragten sich damals schon – und heute fragt man sich das umso mehr –, was Kern damals wirklich wollte. Neuwahlen oder tatsächlich nur ein besseres Programm, um die von ihm im Grunde durchaus geschätzte Große Koalition noch einmal zu retten?

Nun lagen die Karten auf dem Tisch, und plötzlich war die Interessenlage von mir und Kurz identisch. Ich wollte mich nicht dem Vorwurf aussetzen, ich hätte nicht mitgekriegt, dass Kern ohnedies immer nur Neuwahlen gewollt hätte, und Kurz wollte nicht, dass Kern mit dem Momentum des *Plan A* als Frontrunner davonzog. Also alles nur keine Neuwahlen! Das bekundeten wir, indem wir Verhandlungs- und Arbeitsbereitschaft signalisierten. Die SPÖ schien mir ob der bekundeten Bereitschaft fast überrascht, nominierte aber so wie wir ein Verhandlungsteam. Wir vereinbarten eine thematische Auflistung der Agenda. Je zwei Minister pro Koalitionspartner sollten die Themen vorbereiten, bei Uneinigkeit und Grenzfragen sollte die große Runde entscheiden. Parteiintern unterstützte mich Kurz, es dürfe nicht alibihalber, sondern wirklich inhaltlich gearbeitet werden. Bis Mittwoch plätscherten die Verhandlungen eher lustlos dahin. Ich hatte damals das Gefühl, jemand würde die entsprechenden Fernsehbilder benötigen, die später beweisen sollten, dass man mit uns alles versucht hätte.

Plötzlich kam jedoch Wind in die Szenerie. Am 26. Jänner wurde der neue Bundespräsident im alten Reichsratssaal im Parlament angelobt. Am Rande der Angelobung, nur einen Tag bevor Kerns Ultimatum ablief, sprachen mich mehrere sozialistische Spitzenfunktionäre im Parlament an und sagten mir, dass sie keine Neuwahlen wollten, und zwar auf gar keinen Fall. Das geschah alles auf den wenigen Metern Gang vom Reichsratssaal zur Säulenhalle.

Am Ende des Ganges traf ich Sebastian Kurz und sagte: »Sebastian, komm bitte kurz mit mir ins Abgeordnetenzimmer, da sind wir alleine, wir müssen reden.« Ich wollte Klarheit für den Fall, dass es doch zu Neuwahlen käme. Ich wollte die leidige Frage, wer dann Spitzenkandidat sein würde, endlich offen an- und aussprechen. Sinngemäß sagte ich ihm: »Wenn Kern wirklich Neuwahlen ausruft, dann müssen wir klare Führungsgegebenheiten haben. Dann werde ich dich als Spitzenkandidaten vorschlagen, damit das für dich einmal klar ist. Denn das haben wir noch nie ausgeredet.« Er antwortete sinngemäß, er müsse da noch mit den Ländern einiges abklären, prinzipiell sei er einverstanden, aber bedingungslos mache er das nicht. Für mich war das damit abgesprochen, für den Fall, dass es in absehbarer Zeit, aber auch in der nahen Zukunft zu Neuwahlen käme.

Eine Stunde später hatten Kern und ich den Antrittstermin beim neuen Bundespräsidenten. Es ist Usance, dass bei der Gelegenheit die Regierung ihren Rücktritt anbietet und der Präsident ersucht, die Arbeit fortzusetzen. Was an sich eine Routineangelegenheit ist, bekam in diesem Fall einen merkwürdigen Beigeschmack. Van der Bellen kam direkt zur

Sache, stellte fest, dass er, auch wenn er überall von Neuwahlen lesen müsse, zu diesem Zeitpunkt davon gar nichts halten und die Bevölkerung Sacharbeit und nicht Streit erwarten würde. Er verlangte ab sofort Zwischenberichte über den Fortgang unserer Verhandlungen und sagte, er würde eventuell auch selber anrufen. Das tat er im Übrigen dann auch.

Ab sofort beschleunigten sich die Verhandlungen signifikant. Binnen zweier Tage lösten wir fast alle offenen Fragen. Die Verhandlungen am Donnerstag dauerten bis nach Mitternacht. Am Freitag fanden die restlichen Zweier-Präsentationen statt. Alle bemühten sich und waren gut vorbereitet. Auch bei Außenminister Kurz und seinem Gegenüber, SPÖ-Staatssekretärin Muna Duzdar, gab es kein wirkliches Problem. Die Frage zu Kopftuch und Burka wollten wir ohnedies erst in der Schlussrunde am Sonntag erörtern. Kern sagte eine geplante Reise am Wochenende nach Israel ab, um noch den Samstag und den Sonntag als Verhandlungstage dazuzugewinnen. Das Ultimatum am Freitag verstrich, ohne erwähnt zu werden. Im Unterschied zu den Tagen davor gab ich beim Eintreten und Verlassen des Bundeskanzleramts Pressestatements ab, um das ein bisschen einzuzementieren, so nach dem Motto: Wir sind auf einem guten Weg, wir sind auf der Zielgeraden. Da kann man zwar noch abbiegen, aber eigentlich sieht man schon das nahe Finish. Ich war mir sicher, dass wir ein Ergebnis erzielen würden, ein für uns gutes noch dazu.

Am Samstagvormittag war die Stimmung intern plötzlich wieder anders. Am Vormittag kam ein Anruf von Sebastian Kurz. Er meinte, wir könnten Kern nicht so reibungslos zum Abschluss der Verhandlungen kommen lassen. Ich solle das, was wir alles ausgehandelt hätten, auf Finanzierbarkeit überprüfen lassen. Der Finanzminister müsse das alles erst durchrechnen. Ich solle das einfordern, in dem ich der Austria

Presse Agentur (APA) ein Interview gäbe, die wüssten ohnedies Bescheid. Ich war also wieder in meiner Rolle als Sprengmeister gewünscht. Ich lehnte das ab, weil ich damit ja auch meine eigenen Projekte wie die Studienplatzfinanzierung torpediert hätte. Außerdem hätte mich Kern zurecht gefragt, weshalb ich in die Medien gehen würde, wenn wir uns ja ohnehin am selben Tag zu Verhandlungen treffen würden. Wir beendeten das Telefonat, vorher bat ich Kurz noch, um fünfzehn Uhr zur besseren Abstimmung und auch zur Vorbesprechung in die ÖVP-Parteizentrale zu kommen.

Eine Stunde später las ich in der APA, dass Innenminister Wolfgang Sobotka von sich gegeben hatte, er würde die Verhandlungsergebnisse mit Sicherheit nicht unterschreiben. Ein derartiger Wunsch Kerns stand irgendwo in den Medien, ich kannte das Thema natürlich auch. Ich schrieb Sobotka daraufhin folgende SMS: »Wozu musst du den Sprengmeister geben? Auch taktisch ein Fehler. So ein Schmarrn, nur noch zu toppen durch vorzeitige Ergebniskommunikation.« Sobotka hatte als Einziger gegenüber der APA trotz anders lautender Vereinbarung geplaudert. Er antwortete mir nicht.

Am Nachmittag dieses Samstags fand in der ÖVP-Parteizentrale die erwähnte Vorbesprechung statt, um die Linie zu akkordieren. Bei der Vorbesprechung waren neben Kurz noch Generalsekretär Werner Amon und die drei Verhandelnden dabei, also Finanzminister Schelling, Harald Mahrer und ich. Bei der Gelegenheit sagte uns Kurz: »Ich werde das Regierungs-Relaunch-Programm auch nicht unterschreiben.« Wir gingen zu den Verhandlungen um siebzehn Uhr. Köln führte gegen Mainz mit 6:1, und ich ließ mir die Laune nicht verderben. Zu Beginn meinte der Kanzler, zu Finanzminister Schelling gewandt: »Hans Jörg, was lese ich da in den Medien über Finanzierungsvorbehalte? Ist das wirklich deine Meinung und warum sagst du mir das nicht gleich direkt?«

Wir verhandelten an diesem Tag trotzdem weiter bis nach Mitternacht. Auf Wunsch von Kurz, geäußert via SMS an Harald Mahrer, trafen wir einander zu dritt noch einmal nach Mitternacht im Wiener Ringstraßenhotel *Le Meridien*. Erneut verlangte Kurz, noch nicht abzuschließen und Kern unter Druck zu setzen. Nach einigen Gin Tonics vergaß ich meine Brieftasche dort mitten auf dem Tisch. Nicht, weil ich zu viel konsumiert hatte, sondern weil derartige Verhandlungen ganz schön strapaziös sein können.

Dann kam der Sonntag, der letzte Tag der Verhandlungen. Ich finalisierte die letzten offenen Fragen, auch jene, die Kopftuch und Burka betraf, mit Kern persönlich. Nach der improvisierten Pressekonferenz um neun Uhr am Abend befand ich mich auf dem Weg nach Hause, etwa auf Höhe des Döblinger Gürtels, und die ersten Freunde schickten mir schon Gratulationen, da rief ich Kurz an, um ihn zu fragen, ob er nun unterschreiben würde. Nein, würde er nicht, und im Übrigen gäbe es mittlerweile vier Weitere, die auch nicht unterschreiben würden, eröffnete er mir. Das stand bereits im Abend-*Kurier*. Damals machte ich mir die ersten Gedanken darüber, wie ich meine Rücktrittsrede formulieren würde. Wenn tatsächlich fünf meiner Leute nicht unterschreiben würden, was hätte ich sonst machen sollen? Dann wurde es vollends skurril, weil mich noch am Abend drei von den fünf angeblichen Unterschriftenverweigerern anriefen oder mir sonst irgendwie zu verstehen gaben, dass sie selbstverständlich unterzeichnen würden, nämlich Familienministerin Sophie Karmasin, Umweltminister Andrä Rupprechter und Justizminister Wolfgang Brandstetter. Es blieben also einmal mehr Sobotka und Kurz über.

Am nächsten Morgen waren Kern und ich beim Bundespräsidenten. Er hatte das Resultat der Verhandlungen noch in der Nacht erhalten. Der Inhalt sei substantiell sehr gut, aber was sei da mit den Unterschriften los, wollte er wissen. Ich sagte, es gäbe noch die besagten beiden, die nicht wollten, aber ich würde alles daransetzen, um durchzukommen. Er meinte dann, wenn bei diesem Ergebnis einer nicht unterschreiben würde, dann hätte er sich selbst politisch erledigt.

Um zehn Uhr begann der ÖVP-Parteivorstand. In den Medien war von einem ÖVP-Erfolg bei den Verhandlungen zu lesen. Fast jeder gratulierte zum Inhalt. Selbst das Thema Flexibilisierung der Arbeitszeit war ausverhandelt worden. Schnell waren wir beim Thema Unterschriften. Ich drehte den Spieß um und sagte, der Wunsch zu unterschreiben sei keine Schikane von Kern, sondern selbstverständlich auch mein Wunsch. Ein mächtiger Bündeobmann leistete mir Schützenhilfe: Das hätten die Mitglieder bei einer seiner Versammlungen gestern auch gesagt. Stünde man zu einem gemeinsamen Ergebnis, könne man es auch unterschreiben. Kurz war anwesend, Sobotka nicht. Kurz versuchte, Sobotka auf eine sehr emotionale Weise zu verteidigen. Ich sagte: »Freunde, ihr könnt machen, was ihr wollt, aber ich werde mir kein Blatt vor den Mund nehmen, wenn es darum geht zu erzählen, warum wir Neuwahlen haben.«

Das Ende der Geschichte? Der Vorstand begrüßte einstimmig die Verhandlungsergebnisse. Die designierte Landeshauptfrau von Niederösterreich, Johanna Mikl-Leitner, rief Sobotka an, und Kurz sagte kein Wort mehr darüber, dass er nicht unterschreiben wolle. Alle Regierungsmitglieder fanden sich um Punkt zwölf Uhr im Bundeskanzleramt zum Signieren des Paktes ein.

Ich dachte, diese Runde nachhaltig gewonnen zu haben. Die Partei würde mich das Ergebnis, das sie immer gewollt hätte, umsetzen lassen. Nicht um mir einen Gefallen zu tun, sondern um im eigenen Interesse Erfolg zu haben. Das war eine gravierende Fehleinschätzung. Drei Tage später preschte

Sobotka mit dem Vorschlag vor, das Versammlungsrecht dramatisch zu verschärfen. Kern rief mich an und sagte: »Spinnt der? Wir verhandeln alle Themen endlos lang, der sagt kein Wort und nun kommt er mit so einer Bombe.« Ich konnte ihm nicht widersprechen.

Die Eskalationsspirale wurde weitergedreht, als hätte es den Relaunch des Regierungsprogramms nie gegeben. Kern und ich sollten einfach keine Erfolge mehr haben. Selbst schon in der Regierung beschlossene Projekte wie die Beschäftigungsinitiative blieben hängen. Besonders perfid wurde der sich abzeichnende Stillstand auch noch kritisiert: Die bringen ja doch nichts mehr weiter! Das Kalkül dahinter war klar. Wenn eine Regierung erfolgreich arbeitete, brauchte man auch keinen neuen Heilsbringer. Karmasin und Schelling sowie Kurz schickten dann einen Brief an die EU wegen der Indexierung der Familienbeihilfe. Ich hatte vorher rechtliche Bedenken geäußert und wurde gar nicht darüber informiert. Das war der Anfang vom Ende.

Dass Kurz Spitzenkandidat der ÖVP sein würde, hatte ich ihm zugesagt, er wollte jedoch auch in absehbarer Zeit Parteiobmann werden, und deshalb vereinbarten wir auch regelmäßige Gesprächstermine. Das Problem war aber immer noch dasselbe, es lautete: Wie kommt Kurz, ohne beschädigt zu werden, aus der Koalition heraus? Immer noch war der Anspruch derselbe. Ich sollte deutlich machen, dass es mit Kern einfach nicht gehen würde. Ich sollte der Sprengmeister sein. Auch meine Haltung blieb dieselbe. Das Ergebnis konnte sein, dass wir keinen Erfolg hatten, aber erst, nachdem wir die Umsetzung des Programms ehrlich versucht hätten.

Die Rolle des Zerstörers und Kern-Kritikers übernahm dann Sobotka, der regelmäßig den Bundeskanzler medial kritisierte. Dabei packte er durchaus den verbalen Dreschflegel aus und nannte den Bundeskanzler im *Kurier* am 8. Mai sogar einen Versager. Der Streit wurde genau von jenen gezielt in die bestehende Koalition getragen, die heute nicht zu streiten als oberste Pflicht proklamieren.

Faktisch gab es in dieser Phase zwei ÖVP-Chefs, mich, den offiziellen, und einen inoffiziellen, gewissermaßen heimlichen, nämlich Sebastian Kurz. Er baute eine Art Parallelimperium auf mit wöchentlichen Parallelbesprechungen, meistens sonntags. Bei unseren regulären Sitzungen war dann deutlich spürbar, dass Dinge vorbesprochen und anders akkordiert worden waren und ich mehr oder weniger ein Potemkinsches Dorf führte. Für mich wäre es ein Befreiungsschlag gewesen, auch öffentlich sagen zu können, dass Kurz der Spitzenkandidat sei. Das wollte er jedoch partout nicht, denn ab dem Zeitpunkt wäre er natürlich sofort dem Feuer der Opposition ausgesetzt gewesen.

Ich glaube auch, dass einige im Team um Kurz befürchtet hatten, das würde die Botschaft meiner Abschieds-Pressekonferenz am 10. Mai sein. Natürlich hätte ich auch die verweigerte Unterschrift von Kurz öffentlich thematisieren können. In den Medien war das davor nie angesprochen worden, es war immer nur Sobotka als Blockierer im Zentrum gestanden. Ein ehemaliger Bündeobmann hatte ja auch in einem Interview gesagt: »Wer nicht unterschreiben will, muss aus der Regierung gehen.« Ich tat das schon deshalb nicht, weil eine Auseinandersetzung auch mir und der Einheit der Partei geschadet hätte. Vielleicht hätte ich diese Auseinandersetzung gewonnen, aber sicher nicht konfliktfrei. Ich hätte die folgenden Wahlen aber ganz sicher nicht gewonnen, weil die eigene Partei nicht motiviert gewesen wäre und mir nachgehangen wäre, dass Kurz vermutlich doch der bessere Kandidat gewesen wäre. Auch meine engsten Freunde sagten mir: Entweder kämpfst du das durch und gewinnst, oder du nimmst zu einem geeigneten Zeitpunkt das Herz in die Hand und bestimmst deinen Abschied frei und selbstbewusst, bevor es ein quälender Prozess wird.

Ich wollte noch zum Erfolg bringen, was wir ausgearbeitet hatten. Ich verstand nicht, dass irgendwer aus machttaktischen oder sonstigen persönlichen Gründen etwas anders wollte. Das wollte ich lange nicht wahrhaben. Noch weniger wollte ich meine Politik auf eine Zerstörerrolle reduziert sehen, selbst dann nicht, wenn man mich dafür mit einer bestimmten Funktion belohnt hätte. Da nahm ich im wahrsten Sinne des Wortes Haltung an. Ich entschied mich für den zweiten, für den geraden Weg. Das war der Grund, weshalb ich am 10. Mai 2017 alle meine Funktionen zurücklegte.

Letztlich habe ich damit Kurz gleich zweimal auf dem Weg in die Kanzlerschaft entscheidend geholfen: Einmal dadurch, dass die erfolgreichen Relaunch-Verhandlungen im Jänner 2017 vorzeitige Neuwahlen mit Kern als Favoriten verhindert haben. Ferner hat mein Rücktritt unmittelbar die Aufkündigung der Koalition zur Folge gehabt, weil Kern weder Nerven noch Geduld hatte, diese fortzusetzen. So ist das aus der Sicht von Kurz zentrale Problem der Auflösung der Koalition und das Vorziehen der Wahlen ohne sein Zutun gelöst worden.

ABSCHIED

Für Eltern, deren Kind stirbt, stirbt die Zukunft.
Für ein Kind, dessen Eltern sterben, stirbt die Vergangenheit.

BERTHOLD AUERBACH

In der Nacht vom 14. November 2016 starb meine älteste Tochter Martina nach schwerer Krankheit im 39. Lebensjahr im Ordensklinikum der Elisabethinen in Linz. Noch am Tag zuvor war ich in der Pressestunde gewesen und hatte auch sonst mit ihrem Einverständnis politisch so agiert, als wäre alles im normalen Bereich. Das Thema offenzulegen, war für mich keine Option gewesen, wahrscheinlich hätte es sogar Leute gegeben, die gemeint hätten, ich würde die private Situation politisch nutzen wollen. Nur meine Familie, meine Sekretärin, mein Kabinettschef und mein Fahrer wussten von der Krankheit meiner ältesten Tochter.

Als Martina starb, bekam ich binnen Stunden dutzende Kondolenzbriefe. Die Nachricht ihres Todes hatte sich unglaublich schnell in den politischen Zirkeln verbreitet. Dann riefen Journalisten an und wollten, dass ich über meinen Verlust spreche. Ich sagte alles ab.

Martina wurde am 20. November in Leonding begraben. Als dann ein paar Zeitungen kurz davor waren, ohne meine Zustimmung über den Todesfall zu schreiben, gab ich kurz nach dem Jahreswechsel Claudia Stöckl in ihrer Sendung »Frühstück bei mir« auf Ö3 ein Interview, in dem ich auch

über den Tod Martinas sprach. Es war das einzige Gesprächs-
angebot, das ich annahm. Das war eine bewusste Entscheidung, um einmal alles dazu gesagt zu haben. Ich erzählte damals auch darüber, wie es mir mit der Situation als Parteichef
auf Abruf in der ÖVP ging. Martinas Tod berührte die Menschen. Ich werde seitdem sehr oft darauf angesprochen. Ich
erhielt einige Briefe von Menschen, die ähnliche Situationen
erlebt hatten. Die Menschen sahen mich plötzlich nicht mehr
nur als Parteichef und als Politiker, sondern als ganz normalen Menschen mit einer komplexen Vorgeschichte.

Martina stammt aus einer Beziehung, die ich in meiner
Studienzeit eingegangen war. Meine Freundin war einige
Jahre älter als ich gewesen, allein diese Tatsache begeisterte
meine Eltern damals nicht gerade. Dass ich dann nach zwei
Jahren auch noch Vater wurde, machte die Situation nicht
einfacher. Als Martina zur Welt kam, wurde ich studierender
Papa. Als die Mutter wieder als Lehrerin zu arbeiten anfing,
übernahm ich die Babydienste, mit allem, was dazugehörte,
von Füttern bis zum Wickeln. Das war eine sehr intensive Zeit,
und ich kann nicht behaupten, dass ich phasenweise nicht
auch überfordert damit gewesen wäre. Dieses Gefühl kennen
wohl alle Jungeltern. Ich schaffte es trotzdem, ohne größere
Zeitverzögerung fertig zu studieren. Die Probleme in der Beziehung begannen, als ich meinen ersten Job in der Oberösterreichischen Wirtschaftskammer annahm und plötzlich selber
den ganzen Tag voll ausgelastet war. Mit einem Mal sollte ich
um sieben im Büro sein. Die Zeiten waren damals für ein Paar,
das voll berufstätig war, ganz anders als heute. Es gab keine
entsprechenden Kinderbetreuungseinrichtungen. Wir hielten
noch eine Zeit lang durch, aber als Martina zehn Jahre alt war,
trennten sich unsere Wege. Ich nahm mir eine eigene kleine
Wohnung in der Stadt und wurde zu einem klassischen Wo-
chenendvater. Was dann folgte, ist vielen, die Trennungen mit

Kindern hinter sich haben, wohl bekannt. Die Beziehung auf Elternebene funktioniert so lange gut, solange keine neuen Partner ins Spiel kommen. Dann wird es kompliziert. Die Besuche am Wochenende werden blockiert, im schlimmsten Fall landet man vor Gericht und muss sein Besuchsrecht durchsetzen. Mittlerweile haben Eltern geteilte Rechte und Obsorgepflichten, in den 1980er-Jahren war das noch anders.

Meine Beziehung zu Martina verlor sich nach ihrem zehnten Geburtstag, und wir fanden einander erst nach ihrer Pubertät wieder, als sie von sich aus den Kontakt zu mir suchte. Aus dem Kind, das ich von früher kannte, war eine junge, sehr selbstbewusste und sehr talentierte Frau geworden, die ich erst wieder neu kennenlernen musste.

Martina war eine sehr eigenständige und freiheitsliebende Frau. Sie studierte Medizin und Psychologie, schloss ihr Studium jedoch nicht ab. Sie reiste gerne, alleine, aber auch zu zweit mit Rucksack, und finanzierte sich das mit Gelegenheitsjobs. Sie hörte von mir natürlich das, was ich von meinen Eltern gehört hatte: Schau, dass du eine Ausbildung machst und dich selbst erhalten kannst. Bildung ist die Eintrittskarte ins Leben. Ich habe eine Weile gebraucht, um zu akzeptieren, dass sie ihr Leben anders gestalten wollte. Auch mit ihrer Krankheit ging sie sehr selbstbestimmt um. Als sie auf Hilfe angewiesen war, ließ sie es zu, dass ich für sie Dinge in die Hand nahm. Professor Christoph Zielinski und sein Team im AKH haben alles versucht, und dafür bin ich sehr dankbar. Martina und ich sind uns in den 18 Monaten ihrer Krankheit wieder sehr nahegekommen.

MEDIEN UND POLITIK

Digitale Parteimitgliedschaft - Sieg des Ergebnis-
marketings - Ende der Partizipation

Alle Politik muss ihre Knie vor dem Recht beugen.

IMMANUEL KANT

Ein politisches Buch über das Thema Haltung kommt ohne
ein Kapitel über Medien und Politik nicht aus. Beide sind in
Österreich einander sehr nahe, zu nahe. Nicht umsonst sprechen wir oft vom polit-medialen Komplex.

Im Jahr 2011 kam der damalige deutsche Bundespräsident Christian Wulff in die Schlagzeilen, weil er versucht
hatte, beim Chefredakteur der Zeitung *Bild*, Kai Diekmann,
und bei Mathias Döpfner, dem Vorstandsvorsitzenden des
Axel Springer Verlages zu intervenieren, damit ein Bericht
über einen Privatkredit, den er angenommen hatte, nicht
oder erst später erschien. Das Gesamtprotokoll des Anrufes,
der auf Diekmanns Mailbox landete, wurde zwar nie veröffentlicht, aber Diekmann ging mit Details daraus von
sich aus an die Öffentlichkeit. Es entwickelte sich dann in
der Folge eine intensive Diskussion über unerlaubten Einfluss auf die freie journalistische Berichterstattung. Wulff
musste daraufhin zurücktreten, obwohl er im nachfolgenden Verfahren freigesprochen wurde. Würde man diesen
Maßstab auf Österreich umlegen, gäbe es eine ganze Serie
von Rücktritten.

Bei uns sind SMS und Mailbox-Nachrichten von Politikern an Journalisten Alltagsnormalität. Ein Journalist, mit dem ich einen Interviewtermin hatte, machte sich den Spaß, mir sein Handy zu zeigen, in dem zum gleichen Thema ein SMS nach dem anderen von Politikern ankam. Wenn es gar nicht passt, kommt dann der persönliche Anruf. Diese Impuls-Kultur hat sich in Österreich gewissermaßen eingebürgert, es machen fast alle.

Damit so etwas funktioniert, braucht es eine gewisse Vertrautheit, die vor allem durch vormittägliche informelle Telefonate zwischen Pressereferenten und Innenpolitikjournalisten entsteht, in denen es darum geht, was denn wechselseitig gerade aktuell sei und was es sonst noch Neues gäbe. Diese systematische Vertrautheit ist wiederum die Grundlage für das Durchrufen. Die Redaktionen werden bei sensiblen oder anstehenden, natürlich auch kritischen Themen durchgerufen. Würde man über Thema X schreiben, solle man nachstehende Informationen verwenden. So bringt man schon eine Linie durch.

Um die wechselseitigen Mechanismen zu verstehen, werden nicht selten Journalisten aus Redaktionen als Pressereferenten geholt. Es gibt eine überschaubare Anzahl von Aktivisten in dieser Szene. Das ist natürlich nicht verboten. Speziell in Österreich sind Politik und Medien so eng zusammengerückt, dass die Unterscheidung, wo endet die Berichterstattung, wo fängt die Kommentierung an und wo geht es schon um eine Art Mitwirkung in der Politik, nicht mehr wirklich wahrnehmbar ist.

Natürlich hat noch jede Regierung versucht, die Öffentlichkeit in ihrem Interesse zu informieren und nicht die Öffentlichkeit im Interesse der Öffentlichkeit. Natürlich haben die Parteien die Handynummern der Chefredakteure und leitenden politischen Redakteure, auch die der Herausgeber, die sie bei Bedarf anrufen, um Stimmung für ihre Sache zu machen, oder um gleich die emotionale Ebene zu bedienen. Da fragt ein Politiker dann einen Journalisten auch schon mal: »Warum mögen sie mich nicht?«, wie mir ein Chefredakteur erzählt hat. Waren es früher verwegene Spindoktoren, so ist es jetzt eben multimediale *Message Control*, die ihren Weg aus den USA nach Österreich gefunden hat und hier den traditionell etwas bequemeren Politikjournalisten als Inbegriff der Professionalisierung verkauft.

Spindoktoren waren früher die gewieften Kommunikatoren, deren Aufgabe es war, den professionellen Beobachtern den richtigen Dreh mitzugeben. Heutzutage würde man sagen: den richtigen *Frame*, also die richtige Rahmung. Sie waren vor allem ab Mitte der 1990er-Jahren populär, also in der Prä-Social-Media-, aber Post-Parteipresse-Ära, in der eine Kanzlerpartei wie die SPÖ abseits des ORF weder die *Arbeiter Zeitung* noch Facebook, Instagram oder Twitter als Kanäle zur Verfügung hatte. Es konnte passieren, dass politische Magazine und Tageszeitungen den Spinmeistern größere Porträts widmeten als den Chefs, die sie zu promoten hatten, weil sie sich mit deren Selbstüberschätzung gemein gemacht hatten.

Mit dem Siegeszug der Sozialen Medien musste sich auch die politische Kommunikation neu ausrichten. Heute sind nicht die Spindoktoren die heimlichen Helden, sondern die Message-Kontrolleure und die *Number-Cruncher*, die Datenanalytiker, die die unzähligen Informationen über Fans ihres Parteichefs aus dem Netz saugen und für die Partei dienstbar machen. Wer braucht schon die traditionellen Tageszeitungen, wenn man den Boulevard und die Privat-TV-Sender bedienen oder lieber noch die Botschaften auf Facebook, Instagram, Youtube und Twitter selbst platzieren kann? Von eigenen Medienteams fix fertig aufbereitet, um möglichst viele Klicks zu generieren, denn die bringen wieder neues Datenmaterial für die *Number-Cruncher*.

Das im Jahr 2018 an die Öffentlichkeit gelangte Rundschreiben aus dem Innenministerium, in dem festgehalten wurde, welche österreichische Redaktionen nicht prioritär versorgt werden dürften (es handelte sich dabei um den *Standard*, den *Falter* und den *Kurier*), erscheint in diesem Zusammenhang fast antiquiert. Allein der Gedanke dahinter stimmt besorgt.

Die klassische Intervention, der Anruf auf dem Handy, kommt jedoch trotzdem nicht aus der Mode. Zur emotionalen Beeinflussung gehören immer zwei. Eine Person, die sie ausübt, und eine zweite, die sich das gefallen lässt. Natürlich funktioniert das in beide Richtungen. Da sind zum einen die Politiker, die von Journalisten eine bestimmte Berichterstattung erreichen wollen, und zum anderen die Medienmacher, die von Politikern Geld für Inserate und Kampagnen und Kooperationen einfordern und mit positiven oder negativen Schlagzeilen drohen.

Ich erinnere mich noch gut an eines meiner ersten Gespräche im Jahr 2009 mit einem bekannten Zeitungsmacher, der mich nach einigen Monaten, nachdem ich Minister geworden war, in meinem Büro aufsuchte. »Herr Mitterlehner, wir haben über Sie weder besonders positiv noch negativ geschrieben. Das könnte sich jetzt gravierend ändern«, sagte er sinngemäß. In der Zwischenzeit legte sein Begleiter eine Grafik über die Inserate der einzelnen Ressorts auf dem Besprechungstisch auf: »Ihr Ministerium inseriert im Schnitt weniger als alle anderen. Daher überlegen Sie sich, wie Sie das in Zukunft handhaben wollen.« Die Zeitung hat in den Folgejahren nicht wirklich positiv über mich geschrieben.

Momentan erleben wir eine totale Umwälzung in der politischen Kommunikation, die massive Folgen für die Demokratie haben wird. Parteien bauen sich ihre eigenen Medien auf, mit ihren eigenen Social-Media-Kanälen und eigenen Bewegtbild Agenturen. Sie brauchen klassische Medien immer weniger und können unabhängig von ihnen informieren und agieren. Sie sammeln Daten über ihre Mitglieder und Sympathisanten. FPÖ und ÖVP gehen schon längst dazu über, mit eigenem Fernsehen, mit eigenem Reporting, mit eigener Social-Media-Aktivität – da sind teilweise bis zu hundert Leute angestellt – das alles zu steuern und gruppenspezifisch die Meinungen zu bilden. Cambridge Analytica war erst der Anfang. Das Vorgehen der Post – die Post hat Daten, aus denen sich politische Präferenzen ablesen lassen, an Interessenten verkauft – ist ein österreichischer Vorbote.

Wozu braucht man noch die physische Mitgliedschaft in Parteien? Es gibt jetzt die digitale Mitgliedschaft in einer Partei. Digitale Mitgliedschaft heißt: Derjenige, der Mitglied ist, weiß zum Großteil gar nicht, dass er Mitglied ist. Er wird über bestimmte Muster und Erklärungsmerkmale so angesprochen, dass er entsprechend reagiert, ihm das jedoch gar nicht bewusst ist. Damit ist man in der Lage, Parteizugehörigkeit sozusagen virtuell so zu entwickeln, dass man sich die Merkmale bestimmter Personen anschaut, bestimmte Muster ableitet und dann die Ansprache und Botschaften genau in Richtung der erhobenen Eigenschaften vorbringt. Die Betroffenen werden natürlich nicht informiert, dass sie da jetzt einer Gruppe zugehören, und können sich wahrscheinlich selbst gar nicht erklären, weshalb sie Sympathie empfinden und dann beim nächsten Wahlgang eine bestimmte Partei wählen. Wir haben eine Demokratie, die schon stark unterwandert ist von Bewusstseinsmanipulation.

Das ist ein reales Problem unserer Gesellschaft. Es passiert nicht irgendwann, sondern jetzt. Wir sind diesbezüglich schon in einer postdemokratischen Zukunft. Im wahrsten Sinne des Wortes. Aber wenigstens mit Gewerbeberechtigung, wie uns die österreichische Post versichert hat. Wir glauben, eine Demokratie mit freier Meinungsbildung und freier Entscheidungsmöglichkeit zu haben. In Wirklichkeit haben wir aber unsichtbare Beeinflussung auf breiter Basis, ein System, in dem sich Parteien ins Bewusstsein eines jeden Einzelnen, in jeden einzelnen Haushalt, bis zu jeder einzelnen Postadresse durchschalten können. Nur spricht es niemand offen aus.

Dieses System der totalen politischen Kommunikation, oder nennen wir es lieber Propaganda, ist das Ende eines jeden gesellschaftlichen Dialogs. Es ist nichts anderes als Ergebniskommunikation und Ergebnismarketing ohne wirkliche Partizipation.

Deswegen sind wir durch die Digitalisierung auf dem Weg zu einer ganz anderen Parteienstruktur, wenn es sie überhaupt in der alten Form noch gibt. Wir werden immer öfter neue, spontane Gruppierungen erleben, die ein, zwei Legislaturperioden überleben und dann wieder verschwinden werden. Das entspricht den Interessen und Ansprachemöglichkeiten, die immer vielfältiger werden. Es wird daneben schon noch formale alte Parteistrukturen brauchen, die weiterhin Parteienförderung und formale Beschlüsse über Personalia abzuwickeln.

In der ÖVP erleben wir beide Systeme derzeit in einem, in der Form eines Hybrids. Die alte klassische Partei ÖVP ist ohne Veränderung in der alten Form stehen geblieben, und die neue türkise Bewegung ist zugeschaltet, nach außen wahrnehmbar als Neue Volkspartei. Geändert hat sich die Form der Meinungsbildung. Nunmehr gibt es sie so gut wie nie *bottom up*, sondern nur *top down*, also nicht von unten nach oben, sondern von oben nach unten. Eine kleine Gruppe gibt offensichtlich die Message, aber auch die Entscheidungen vor. Der Parlamentsklub bringt nur mehr relativ wenig ein und ist an Entscheidungs- oder Änderungsprozessen kaum mehr eigenständig beteiligt wie früher. Man kennt die Parlamentarier auch kaum mehr, selbst die im Wahlkampf präsentierten Persönlichkeiten sind von der Bildfläche spurlos verschwunden. Die Teilorganisationen verkaufen die Ergebnisse der Regierungspolitik tadellos, aber dass sie selber etwas nach oben lobbyieren an Forderungen, tendiert gegen Null. Die Bündeobmänner und -obfrauen kommen in den Medien auch kaum mehr vor. Alle sind natürlich auch immer stärker davon abhängig, was oben gemacht wird, bis hin zu den Landtagswahlen. Natürlich erkennen langsam auch die Mitglieder die schleichende Bedeutungslosigkeit, wenn Sitzungen immer kürzer werden – und unpolitischer. Dabei ist die ÖVP eine Partei, die fast ausschließlich aus der Summe ihrer Teilorganisationen auf Bundes- und Landesebene gebildet wird. Seit dem Parteitag 2015 gibt es zwar Direktmitglieder, aber nur ein paar Dutzend.

Dass das Ganze immer mehr ist als die Summe aller Teile, ist eine alte Volksweisheit. In der ÖVP waren sich allerdings ohnedies nicht immer alle Teile bewusst, dass sie zum Ganzen gehörten. War man mit der Linie der Partei nicht einverstanden, distanzierte man sich gerne und bot Mitgliedschaften an, die sich nur auf die Zugehörigkeit zur Teilorganisation beschränkten. Oder man glaubte, eine politische Organisation zu sein, nur ein Großteil der Mitglieder wie beim Seniorenbund ist vor allem auf dem Land vorrangig aus Geselligkeitsgründen dabei. Vertretungs- und Bedeutungsanspruch in der Theorie entsprechen schon länger nicht mehr der politischen Wirklichkeit. Wahlstrategisch ist es daher eine richtige Entscheidung, fast ausschließlich auf zentrale Steuerung zu setzen. Aber wenn man von der Partei zur Wahlbewegung, ja zum Wahlverein wird, macht man sich personell vollständig abhängig von einer einzelnen Person und ihrer Performance. Wehe, wenn dann die Umfragen einbrechen sollten. Woran orientiert man sich dann?

Die Strukturen im Medienbereich und in politischen Parteien sind im Umbruch, traditionelle Instrumente bleiben zwar noch da und dort bestehen, werden aber sukzessive durch Ergebnismarketing und digitale Kommunikation ersetzt. Das sind schlechte Aussichten für Bürger, sich einzubringen. Was könnte eine vernünftige Gegenstrategie sein? Einerseits selektives Umgehen mit Informationen und Nachrichten und andererseits das gezielte Agieren mit den gleichen Instrumenten. Zum Beispiel indem man sich vernetzt, austauscht und Plattformen bildet, damit man rasch zum politischen Faktor wird.

EUROPA
Das Ende der Selbstverständlichkeit –
Wir brauchen mehr als ein Europa, das schützt

> Die europäische Wertegemeinschaft ist eine
> Gemeinschaft der Freiheit, der Demokratie,
> der Menschenrechte, der sozial verpflichtenden
> Marktwirtschaft und der kulturellen Vielfalt.
>
> ROMAN HERZOG

Ich gehöre zu jener Generation von Menschen, die im Europa vor dem Jahr 1989 aufgewachsen sind und es deswegen auch als geteilten Kontinent kennen, mit Stacheldraht, Grenzkontrollen und all den Ängsten und dem Unbehagen. Für mich ist ein geeintes Europa nie selbstverständlich gewesen. Zu gut erinnere ich mich an die tote Grenze, nur fünf Kilometer von meinem Heimatort entfernt. Als Kinder fanden wir es sogar ein wenig spannend zu beobachten, wie tschechoslowakische Grenzpolizisten oder Wachsoldaten Wanderer, die sich am Weg zur Alpenvereinshütte im Grenzgebiet verlaufen hatten und dabei auf die andere Seite geraten waren, wieder zurückwiesen. Es war bedrohlich, ein Sperrgebiet, ich verband es mit Stacheldraht, Maschinenpistolen und scharfen Wachhunden. Wir wussten nicht, was hinter der Grenze passierte, es war Niemandsland. Terra incognita. Kommunismus.

Für mich war es also eine Befreiung, als im Jahr 1989 auch bei uns, an der oberösterreichisch-tschechoslowakischen

Grenze, der Eiserne Vorhang fiel. Ich hatte als Jugendlicher oft meine Eltern gefragt: »Warum sind wir nicht bei der EU?« Meine Mutter und mein Vater sagten immer: »Das werden uns die Russen nicht erlauben.«

Und dann kam das Jahr 1989 und der Fall der Mauer, der Abbau der Stacheldrahtverhaue. Wir hatten auf einmal Nachbarn. Endlich konnten wir über die Grenze und den See am Plöckenstein, oder auch Krumau und Budweis ohne Visum besuchen. Und doch war da eine Enttäuschung. Ich hätte mir erwartet, dass wir mehr zusammenwachsen und gesellschaftliche Kontakte aufbauen würden, dass die ganze Region eine gedeihliche Entwicklung nehmen würde. Es gab zwar eine Unmenge an Austauschfahrten von der Feuerwehr über den Kulturverein bis zu Radrennen, aber in Wirklichkeit blieb es eine Nachbarschaft, kein Miteinander. Nur ein Beispiel: Es dauerte Jahre, bis man den tschechischen Gästen, die in größerer Zahl über die Grenze zum Skifahren kamen, weil sie Wintersport sehr mochten, endlich einmal eine tschechische Speisekarte vorlegte. Selbst bei den offiziellen Feierlichkeiten anlässlich des EU-Beitritts der Tschechischen Republik im Jahr 2004 gab es in unserer Region ein großes Fest mit Zelt an der Grenze, aber außer den Offiziellen so gut wie keine tschechischen Gäste. Das dauerte, die Probleme um das Atomkraftwerk Temelin waren sicher ein Grund für den stockenden Aufbau der Beziehungen. 2019, nach dreißig Jahren, kommt langsam so etwas wie Normalität in Gang.

»Nie wieder!« lautete die Losung der Demokraten von links und rechts nach dem Zweiten Weltkrieg, nachdem die Nationalsozialisten sechs Millionen Juden ermordet hatten und Europa in Schutt und Asche lag. Nie wieder Faschismus, nie wieder Auschwitz, nie wieder Krieg auf europäischem Boden. Ein vereintes Europa als zivilisatorische Antwort auf die Barbarei des 20. Jahrhunderts. Genau dieser Geist bescherte dem Kontinent die längste Friedensperiode der vergangenen Jahrhunderte; mit der Zeit ist er selbstverständlich, ja fast altmodisch geworden. Nicht nur ich muss mir eingestehen, dass das Sichern und Erhalten von Frieden für die Nachgeborenen keinen so großen europäischen Wert mehr darstellt. Das habe ich 2016 – so wie Jean-Claude Juncker und Martin Schulz auch – bei der Präsentation eines von der EU geförderten Projekts in Wien erlebt.

200 Jahre nach dem Wiener Kongress haben sich rund 200 Jugendliche Gedanken über das Europa der Zukunft gemacht. Nicht die Friedenssicherung war das erwartete Topthema, sondern Chancen und Risiken der Digitalisierung. Junge Menschen, für die der Zweite Weltkrieg in etwa so weit weg ist wie für meine Generation der Erste Weltkrieg, haben einen völlig anderen Zugang. Die erkämpften Freiheiten sind selbstverständlich geworden. Junge Leute sind viel salopper, viel kritischer gegenüber der Union, vielleicht auch weniger dankbar dafür.

Das Warum und Wozu eines Vereinten Europa ist daher ständig neu zu erarbeiten. Ein hervorragender Weg ist *Erasmus Plus*. Wenn junge Leute im Kontakt mit anderen jungen Leuten Europa erfahren, ist das der beste Weg, Europa verstehen und lieben zu lernen. Immer mehr Jugendliche interessieren und engagieren sich für Umwelt und Politik, wie etwa die schwedische Schülerin Greta Thunberg. Ich halte das für eine gute und beispielgebende Entwicklung.

Ich selbst habe einen pragmatischen Zugang zur europäischen Zusammenarbeit. So viele Themen, nicht nur die Friedenssicherung, sondern auch der Klimawandel, die Ernährungssicherheit und die Migration bleiben nicht auf eine Nation beschränkt und können nur gemeinsam gelöst werden. Wenn es um die viel diskutierte Frage geht, wieviel Europa wir brauchen, soll die Union mehr Europäische Republik oder

Föderation von Nationalstaaten sein, bin ich eindeutig ein Anhänger eines Europas, das mehr Rechte bekommt. Ich kann von Europa nicht das einfordern, was ich auf der anderen Seite nicht bereit bin, an Macht und Möglichkeiten abzugeben. Die Vereinigten Staaten von Europa sind die Zukunft, und eine Art europäische Regierung mit Durchgriffsmöglichkeiten, wie sie der französische Präsident Emmanuel Macron will, würde die Möglichkeiten der EU verbessern. Gerade im Wirtschafts- und Sicherheitsbereich braucht es genauso wie in der Außen- und Handelspolitik mehr Schlagkraft und mehr Durchsetzungsfähigkeit. Sonst wird die Europäische Union immer nur reaktiv sein.

Wenn ich allein daran denke, wie lange wir für die Umsetzung des Europa-Patentes gebraucht haben! Das Problem war, dass Spanien und Italien nicht einverstanden waren, dass die Texte nicht auch in ihre Sprachen übersetzt worden waren. Sogar die Außenminister der beiden Staaten sprachen im Rat der Wirtschaftsminister vor, um die Dringlichkeit ihrer Sprachberücksichtigung zu erklären. Da Appelle in Richtung weniger Nationalismus nicht reichen, ist ein mögliches Instrument der Ausbau qualifizierter Mehrheiten.

Ein eigenes Thema ist die Handelspolitik. Gut ausgehandelte symmetrische Handelsverträge sind ein probates Mittel, um die Position Europas zu stärken. Die Angst, dass die Schiedsgerichte unser Rechtssystem aushebeln würden, halte ich für unbegründet. Mittlerweile entsprechen die Schiedseinrichtungen mit professionellen Richtern und Instanzen bereits internationalen Handelsgerichten. Verträge wie CETA werden in der Praxis rasch bestätigen, dass die große Union doch nicht ein Land mit 37 Millionen Einwohnern wie Kanada fürchten muss. Die angebliche Blaupause für TTIP ist nach Absage der Amerikaner wohl kein Argument. Warten wir ab, wird Europa das Nachsehen gegenüber China haben. Wir brauchen kein Europa, das schützt, sondern selbstbewusst die eigene Stärke im Wettbewerb weiterentwickelt.

Auch beim Thema Migration ist der Schutz der Außengrenzen durch Frontex noch nicht gewährleistet. Von einer gemeinsamen Vorgangsweise nach Quoten und Reform des Dublin Systems sind wir noch weit entfernt. Auch die Afrika-Hilfe, um den Klimawandel zu bekämpfen und eine neue Flüchtlingswelle aus diesem Teil der Welt zu verhindern, steckt in bescheidenen Anfängen.

Last but not least erleben die Bürger die EU nicht als Einrichtung, die gemeinsam Probleme löst, sondern oft durch bürokratische Überregulierung Probleme macht. Wer braucht wirkliche eine Allergenverordnung oder Regelung des Bräunungsgrades bei Pommes frites? Selbstbeschränkung und Konzentration auf die großen Themen wie Sicherheit, Konkurrenzfähigkeit und Umweltqualität wären hingegen positiv.

Die Europawahlen sind eine Chance, mit respektabler Beteiligung und neuen motivierten Entscheidern einen dynamischen Schritt in Richtung einer aktiveren bürgernahen Union zu machen.

EPILOG

Viele werden sich jetzt fragen: Was nun? Wofür steht dieses neue türkis-blaue Regierungsmodell? Ist es ein Vorbild? Ist es eine zufällige Zweckpartnerschaft, in der man andere politische Inhalte, die der Partner hat, nun eben schlucken muss? Ist Sebastian Kurz vielleicht der, der die FPÖ und die Rechtspopulisten gezähmt hat? Ist er das *Role Model* für Europas christlich-konservative Volksparteien? Oder begründet er eine völlig neue Form konservativer Politik?

Das lässt sich nicht einfach mit ja oder nein beantworten. Sebastian Kurz hat in jedem Fall die Rechten salonfähig gemacht. Im Salon waren sie ja schon bei Bruno Kreisky und bei Wolfgang Schüssel. Diesmal blieben wenigstens die EU-Proteste aus. Man hatte andere Probleme. Salonfähig machen, heißt nicht nur, bestimmte offizielle Funktionen im politischen System zu haben, sondern in der Wahrnehmung und Ausübung dieser Funktionen bestimmte Verfassungsgrundsätze und europäische Verträge als Realität akzeptieren zu müssen. Das haben auch Leute wie Matteo Salvini in Italien schnell begreifen müssen. Man kann der EU im Budgetstreit schon ausrichten, dass man keine Rücksicht auf ihre Vorgaben nehmen werde, muss dann aber damit rechnen, dass das bei einem Verfahren dann umgekehrt auch so sein wird. Schneller als erwartet, lenkte man ein. Oder wenn man wie Österreich bei der EU die Fortsetzung von Grenzkontrollen beantragen und genehmigen lassen muss und nicht mehr auf die früher ventilierte Idee zurückkommt, um das Land einen Grenzzaun bauen zu wollen. Formale Gegebenheiten und Regeln verpflichten eben.

Manche Politiker können offensichtlich mit diesen Regeln umgehen. Andere jedoch weniger. Die meisten Probleme hat und schafft der Innenminister der österreichischen Regierung, Herbert Kickl (FPÖ). Er vermittelt immer wieder die Einstellung, die Politik stünde über dem Recht und sogar über internationalen Rechtsgrundlagen. Gerade der Innenminister ist aufgrund der Gewaltentrennung als Organ der Legislative keiner, der Rechte setzt. Er ist Ressortleiter eines der sensibelsten Ministerien und müsste peinlich genau seine Aktivitäten ausschließlich auf Basis der bestehenden Gesetze ausüben, so, wie es Artikel 18 der Verfassung vorschreibt.

Ferner ist noch immer ein niederösterreichischer Landesrat im Amt, der meint, nicht Richter, sondern Politiker könnten Menschen oder zumindest »Halbverbrecher«, wie er sagte, aus dem Verkehr ziehen, also einsperren. Selbiger will auch die Volksanwaltschaft abschaffen, wenn diese etwas »Unpassendes« urgiert.

Aber auch die Regierung selbst hat merkwürdige Ansichten in Bezug auf das Umgehen mit EU-Recht. Bei der Indexierung der Familienbeihilfe etwa, bei der der EU-Rechtsstand eigentlich völlig klar ist, man aber eine abweichende Regelung getroffen hat. Oder wenn es um Maßnahmen geht, verurteilte Asylwerber abzuschieben, oder mögliche Täter vorweg in Sicherheitsverwahrung zu nehmen. Der erste Punkt ist klar geregelt, der zweite ist rechtlich mehr als problematisch. Dabei beruft man sich auf die Umsetzung einer EU-Richtlinie. Allerdings geht es nicht nur um die begründete individuelle Anhaltung »gefährlicher« Personen, sondern um generelle präventive Freiheitsentziehung. Das ist verfassungsrechtlich wegen des Gleichheitsgrundsatzes zwischen Inländern und Asylwerbern nicht unbedenklich. Es ist aber auch ein vermutlicher

Verstoß gegen den Rechtsgrundsatz »Keine Strafe ohne Verschulden« und »Keine Strafe ohne Verfahren«. Rechtsanwälte und Richter beurteilen den Vorschlag wegen ungeklärter Fragen wie richterlicher Einbeziehung oder dem Berufungsrecht als brandgefährlich. Der Vorschlag kommt vom Innenminister, der türkise Koalitionspartner hat den Vorschlag rasch zur Umsetzung aufgegriffen.

Die Flüchtlinge sind generell und pauschal zum Feindbild geworden. Restriktive Flüchtlingspolitik ist so etwas wie die Geschäftsgrundlage dieser Regierung geworden. Dadurch bedient man beim Publikum die vorhandene Angst vor dem Fremden, vor Wohlstandsverlust und unkontrollierter Zuwanderung. Natürlich könnte man diese Frage auch sachlich diskutieren, etwa mit geregelter Hilfe für die, die es brauchen, man könnte differenziert agieren, aber das ist schwieriger und eben dann vielleicht nicht mehr wahlentscheidend.

Wie ist die Politik 2019 in Österreich vor diesem Hintergrund zu qualifizieren? Manche versteigen sich zu Begriffen wie rechtsextrem oder gar faschistoid, um dieser Regierung zu charakterisieren. Das ist ein gefährlicher Unsinn. Niemand ruft zu Gewalt auf oder will gegen die Verfassung oder demokratische Einrichtungen putschen, da wäre die Gesellschaft auch gefestigt genug, um selbst solche Ansätze zu verhindern. Jedoch über die Begriffe *Populismus* und *Rechtspopulismus* muss man reden. Bei uns in Österreich wird Populismus ja gerne mit populär verwechselt. So nach dem Motto: Wenn ich Meinungen und Ansichten am Stammtisch durchsetzungsfähig mache, was ist da Schlechtes daran? Aber eine populistische Ideologie, insbesondere eine rechtspopulistische, baut immer darauf auf, dass sie sich Gegner definiert, dass sie Ausgrenzungen schafft, dass sie sich eine klare Führungsstruktur zulegt und dass sie mit Kontrolle, auch mit Kontrolle der Medien, ein Land beherrscht. Die Wissenschaft unterscheidet zwischen rechtspopulistischer Taktik – im Sinne von populärem Darstellen bestimmter Vorstellungen –, rechtspopulistischer Strategie und rechtspopulistischer Ideologie. Rechtspopulistische Ideologie braucht immer Feindbilder und Gegner, da sind wir dann schnell beim realen politischen Leben im Alltag. Schaut man auf die verwendeten Sprachmuster im normalen Politbetrieb, sieht man, dass versucht wird, diese Differenzierung gezielt herzustellen. Man unterscheidet zwischen echten, ehrlichen, aufrechten Österreichern – oder Europäern – und den anderen, die zu uns kommen und die nicht dieselben Rechte haben dürfen und nicht in der Weise dazugehören dürfen wie diejenigen, die echt sind, das »Volk«, die Patrioten.

Spürbar ist diese Differenzierung zuerst in der Sprache. »Echte Österreicher wählen« ließ schon Jörg Haider plakatieren. Die Regierung verkauft die Mindestsicherung als Errungenschaft »für unsere Leut´«, für Österreicher zuerst, als hätte es den Artikel 1 der Menschenrechtskonvention – »Alle Menschen sind frei und gleich an Würde und Rechten geboren …« – nie gegeben.

Oder denken wir an Heinz-Christian Strache, der bei den 100-Jahre-Republik Feierlichkeiten in der Oper gesagt hat: »Österreicher und Juden müssen sich in dem Land sicher fühlen.« Gut gemeint. Aber wer das sagt, geht immer noch davon aus, dass nicht alle gleich sind, sondern es vielmehr unterschiedliche Gruppen gibt. Das ist kein Lapsus Linguae, sondern da schwingt ein tiefenpsychologischer Hintergrund mit.

Etwas nicht weniger Unsensibles passierte in meinem Heimatbezirk Rohrbach. Da gab es ein Patriotenfest auf Bezirksebene in St. Johann am Wimberg mit Rot-Weiß-Rot Opening um Mitternacht in der Nacht vom 9. auf den 10. November 2018, also dem Datum der sogenannten Reichskristallnacht. Da fehlte den Veranstaltern wohl mehr als der geschichtliche Hintergrund.

Im zweiten Halbjahr 2018 hatte Österreich die sogenannte Präsidentschaft in der EU. Eine Zeitung titelte: »Die Pflicht souverän genommen.« Und die Kür? Das Motto für die österreichische EU-Ratspräsidentschaft lautete: »Ein Europa, das schützt.« Aber es ist nicht ein Schützen vor Armut oder vor sozialen Unsicherheiten? Es geht um Schützen als Imperativ. Das setzt voraus, dass man einen Angriff erwartet. Dabei wäre die Wirtschaft zu schützen, doch der verkehrte Zugang. Da hätte man schon verloren. Protektionismus ist überholt. Man muss die Wirtschaft selbstbewusst stärken, um auf internationalen Märkten Erfolg zu haben. Geht es um ein Schützen, weil andere Errungenschaften gefährdet sind? Damit meint man wohl die Flüchtlinge. In der österreichischen Flüchtlingspolitik wird überhaupt nicht mehr differenziert. Es geht eigentlich nur noch um Abwehr. Gab es da nicht einmal die Forderung von gerechten Quoten von einem österreichischen Außenminister? Das war einmal. Österreich ist im Vorfeld der EU-Präsidentschaft als politischer Brückenbauer aufgetreten, eine schöne Metapher. Das ist eigentlich das Bild, das wir von Österreich so gern haben. Dann lehnten wir als Vorsitzland den UN-Migrationspakt ab. Haben wir diesen vorher nicht mitverhandelt? Und wenn schon der Inhalt nicht passt, kann man ihn nicht verbessern? Es geht dabei nicht um bilaterale Pflichten, sondern um den Zugang, um die Kultur, wie man mit einem Thema umgeht.

Was heißt das alles perspektivisch? Sind unsere Parteien nach rechts gerückt? Haben sich in unserer Gesellschaft die Werte verschoben? Was tun? Aus meiner Sicht bedeutet es anzuerkennen, dass man mit Ignorieren und Ausgrenzen von Rechtspopulisten – auch der AfD – im Prinzip keine Chance hat, weil die Wähler ihnen dann bei den nächsten Wahlen noch mehr Zustimmung geben werden. Angst ist schnell erzeugt und noch schneller mit politischen Angeboten bedient. Man wird daher nicht umhinkommen, sich mit den Inhalten dieser Parteien auch politisch auseinanderzusetzen. Ob man eine Koalition eingehen soll, ist eine ambivalente Frage. Man kann die These vertreten, dass sich in einer Koalition durch Abgrenzung und Sachzwänge die Inhalte abschleifen und im Kompromiss moderater werden. Es besteht aber auch die Gefahr, dass der eine Partner vom anderen Wähler zurückgewinnen will und Inhalte übernimmt. Beides erleben wir in Österreich seit Jahrzehnten. Wenn die Position, dass Lehrlinge im Asylverfahren nicht abgeschoben werden sollen, so wie ich sie jahrelang vertreten habe, plötzlich links ist, ja dann muss die österreichische Politik logischerweise nach rechts gerückt sein. Das kann auch zu Lernprozessen führen. Mir und vielen anderen gefällt diese Entwicklung nicht, wir brauchen wieder so etwas wie Wertbeständigkeit und Zukunftsvision im positiven Sinne.

Derzeit sehe ich die Gefahr, dass die vorrangig auf Stimmung und Anlass ausgerichtete Politik geltende Wertmaßstäbe beiseiteschiebt. Ein Beispiel: Die ÖVP hat sich, ganz so, als ob es in den Zehn Geboten verankert wäre, immer dafür ausgesprochen, dass Familien mit mehr Kindern auch mehr gefördert werden müssen. Das galt bei der Familienbeihilfe, beim Steuerrecht und vielen anderen Maßnahmen. Jetzt lautet die Prämisse bei der Mindestsicherung: Migranten haben viele Kinder, deswegen gilt dieses Gebot nicht mehr. Dasselbe gilt bei den Lehrlingen mit Migrationshintergrund, die wir integrieren statt abschieben müssten – schon aus wirtschaftspolitischen Gründen. Oder bei der Reform der Mindestsicherung, die nicht mehr als letztes soziales Netz und Hilfe zur Selbsthilfe diskutiert wird, sondern ganz so, als wäre sie eine Ausländerfamilienförderung, die es abzustellen gilt.

Noch nicht realisiert, aber geplant ist die Verstaatlichung der Flüchtlingsbetreuung. Dabei geht es auch um die rechtliche Vertretung bei Verfahren, die in Zukunft verstaatlicht werden soll. Das ist so stimmig, als würde der Staat bei der Justiz die Rechtsanwälte auch gleich inkorporieren.

Bei all diesen Themen brauchen wir wieder mehr inhaltliche Auseinandersetzung, aber auch eine klare Orientierung. Christlich-sozial ist ein mehr als brauchbarer Ansatz. Das bedingt natürlich, dass man eine Debatten- und Streitkultur zulässt. Werte und einen Maßstab, an dem man die Politik ausrichtet – und der Maßstab darf nicht nur die Meinungsumfrage sein. Hans-Dietrich Genscher, der frühere deutsche Außenminister, hat einmal gesagt, es ginge darum, das Richtige zu tun und es dann populär machen. In Österreich scheinen Umfragen zum einzigen Maßstab für den Erfolg und für die Richtigkeit der eigenen Politik geworden zu sein. Der Preis für gute Umfragewerte ist, dass man ausschließlich an in Meinungsumfragen und an in der Öffentlichkeit populär wirkenden Positionen arbeitet.

Die Große Koalition lag in den Umfragen oft schlecht, eben weil sie genau diese Auseinandersetzung, dieses Ringen, dieses Zusammenführen von unterschiedlichen Positionen ausgetragen hat. Das ist kein larmoyantes Zurücksehnen einer seligen Vergangenheit, aber ein Hinweis auf ein Grundprinzip: auf das Miteinander in einer Gesellschaft, wo die, die hier sind, auch hingehören.

Es liegt an uns, dieses Miteinander wieder stärker zu leben. Sich couragiert einzubringen mit Leserbriefen, E-Mails und Social-Media-Beiträgen. Einbringen heißt auch, dass die Verantwortlichen diese Themen aufgreifen und, wo es möglich ist, partizipativ berücksichtigen sollen. Dann sehe ich die Chance für ein integratives zukunftsorientiertes und offenes Österreich.

*

Wohin ist, um bei Hermann Hesse zu bleiben, meine Reise, der Aufbruch in ein neues Leben gegangen? Ich halte viele

Vorträge und arbeite ehrenamtlich in einer wissenschaftlichen und einer integrationspolitischen Gemeinschaft mit. Ich versuche, in einigen Beiräten und Aufsichtsräten mein Wissen und mein Netzwerk einzubringen. Schließlich habe ich eine Firma gegründet, die Beratungsdienste und Strategieberatung anbietet. Und ich bin dankbar, dass ich neben der Politik, die ich immer gern und mit Begeisterung ausgeübt habe, auch ein erfülltes Privatleben haben darf.

DANKSAGUNG

Dieses Buch ist meiner Familie gewidmet, die in all den Jahren immer zu mir gestanden ist. Mein Dank gilt allen, die mich ermuntert haben, dieses Buch zu schreiben. Bei aller Ambivalenz, die das Buch verursachen wird, beschreibt es nun einmal meine politische Lebensgeschichte als Teil einer spannenden Phase österreichischer Zeitgeschichte. Mein spezieller Dank gilt dem Verlag für die Idee zum Buch und Barbara Tóth für die redaktionelle Betreuung und das korrektive Feedback.

Ein spezieller Dank gilt auch jenen Freunden, die den Inhalt auf Verständlichkeit, Logik und Informationsgehalt zwischengelesen und damit zur leserorientierten Ausrichtung wesentlich beigetragen haben.

April 2019, Reinhold Mitterlehner

PERSONENREGISTER